C.H.BECK WISSEN

Dieser Band führt in die römische Kunst, ihre historischen Bedingungen und ihre Funktionen im öffentlichen und privaten Leben Roms ein. Er zeigt, wie die Römer sich ab dem 3. Jahrhundert v. Chr. die griechische Kultur umfassend aneigneten und gleichzeitig eine ganz eigene Bildsprache ausbildeten. Der Leser erhält einen glänzenden Überblick über die Entwicklung der römischen Kunst, wie sie an den Bildern des politischen Raums, der Grabkultur und der römischen Villen abzulesen ist. Er wird dabei von der Zeit der Republik bis in die Spätantike und vom Zentrum des Römischen Reichs bis an dessen Peripherie geführt.

Paul Zanker ist Prof. em. für Klassische Archäologie an der Ludwig-Maximilians-Universität München. Er war Direktor des Deutschen Archäologischen Instituts in Rom und lehrte als Professor für antike Kunstgeschichte an der Scuola Normale Superiore in Pisa. Bei C.H.Beck sind von ihm erschienen: Augustus und die Macht der Bilder (5. Aufl., 2008), Die Maske des Sokrates (2. Aufl., 1998) und Die römische Stadt (2014).

Paul Zanker

DIE RÖMISCHE KUNST

Verlag C.H.Beck

Mit 82 Abbildungen, davon 5 in Farbe

2., durchgesehene Auflage. 2015

Originalausgabe

Wilhelmstraße 9, 80801 München, info@beck.de

www.chbeck.de
Umschlagabbildung: Detail der Reiterstatue des Kaisers
Marc Aurel (161–180 n. Chr.), Rom, Capitolinische Museen

Umschlaggestaltung: Uwe Göbel, München
Satz: Fotosatz Amann, Memmingen
Druck und Bindung: Druckerei C.H.Beck, Nördlingen
Printed in Germany
ISBN 978 3 406 54688 4

www.chbeck.de/nachhaltig
produktsicherheit.beck.de

Inhalt

Römische Kunst?

Dieses kleine Buch will den Leser in die Eigenarten der römischen Kunst einführen. Im Zentrum des Interesses stehen die konkreten historischen Bedingungen, die zur Ausbildung der Bilder und ihrer Formen geführt haben. Es geht deshalb vor allem um die Grundstrukturen der Bildersprache, weniger um die stilistischen Veränderungen in den einzelnen Kunstgattungen. Der Blick ist dabei primär auf das Zentrum des Reiches gerichtet.

Eine grundsätzliche Frage stellt sich gleich zu Beginn: Wie soll man «Römische Kunst» definieren und, vor allem, wann soll man sie beginnen lassen? Sollte man mit den berühmten frühen, in Rom gefundenen Bildwerken wie der Bronzestatue der capitolinischen Wölfin, dem Bildnis des sogenannten Brutus (Abb. 1) oder auch mit dem Terrakottaschmuck der archaischen Tempel beginnen? Oder sollte man die in und für Rom gefertigten Werke des 6. bis 4. Jahrhunderts v. Chr. nicht besser der etruskischen bzw. einer allgemeinen italischen Kunst mit ihren unterschiedlichen regionalen Erscheinungsformen zurechnen?

Entschiede man sich mit den meisten Autoren neuerer römischer Kunstgeschichten für einen Beginn mit den frühesten in und für Rom gefertigten Bildern in archaischer Zeit, so folgte man damit bewußt oder unbewußt dem Konzept «nationaler» Kunstgeschichten, wie es seit dem frühen 20. Jahrhundert üblich wurde. Damals fingen die Archäologen im Sog der Kunsthistoriker an, nach den spezifischen formalen Besonderheiten und Leistungen einer römischen Kunst zu fragen, um diese dann vor allem von der Kunst der Griechen absetzen zu können. Man suchte nach dem unverwechselbar Eigenen, nach dem «originellen» Beitrag der Römer zur «Kunst der Völker». Würden wir diesen Weg wählen, so müßten wir uns zwangsläufig auf bestimmte Bereiche wie die politische Repräsentationskunst, das Porträt, die Wandmalerei und in einem größeren Rahmen natürlich die

Architektur konzentrieren, die Bereiche also, in denen man seit jeher die besonderen Leistungen der römischen Kunst sah. Dabei würde jedoch der weitaus größte Teil aller Bildwerke der Römerzeit beiseite geschoben. Denn dieser besteht nun einmal aus Wiederholungen und freien Verwendungen von griechischen Werken sowie von Einzelformen aller Stilstufen griechischer Kunst. Bezeichnenderweise geben fast alle gängigen römischen Kunstgeschichten dieser «Kopistenkunst» wegen ihrer vermeintlichen Zugehörigkeit zur griechischen Kunst keinen oder nur einen vergleichsweise marginalen Raum.

Johann Joachim Winckelmann (1717–1768), der überaus einflußreiche Begründer einer Geschichte der antiken Kunst, hatte das Problem noch ganz anders gelöst. Er sah die Kunst der Römerzeit zusammen mit der des Hellenismus als eine einheitliche Spätzeit der griechischen Kunst an. Bei seinem Ansatz gerieten nun allerdings die Staatskunst, das Porträt und die Sarkophage, um nur einiges zu nennen, ganz an den Rand. Bis zum Ende des 19. Jahrhunderts und darüber hinaus standen die idealen Formen der griechischen Kunst im Zentrum des Interesses, wobei man die römerzeitlichen Kopien, als man sie nach und nach als solche erkannte, lange Zeit nur als Ersatz für die verlorenen griechischen Originale betrachtete. Es ging um eine Hochschätzung der antiken Kunst als solcher und um deren quasi selbstläufige «Entwicklung» von der archaischen Frühzeit bis zu ihrem Niedergang im Hellenismus und in der Römerzeit.

Beide Konzeptionen entsprechen nicht mehr unseren derzeitigen Interessen und Fragestellungen. Denn diese gelten vor allem den Funktionen der Bilder und ihrer Wirkung in den jeweiligen Gesellschaften. Nicht, daß dadurch Fragen nach spezifischen Formkonstanten und ästhetischen Eigenarten obsolet geworden wären. Ganz im Gegenteil, jedoch interessieren dabei besonders der historische Kontext und die «Botschaften» der Bilder, denen die Formen zu entsprechen suchten, nicht mehr die Kunst als eine autarke Größe, vielmehr als ein Medium der sozialen Kommunikation. Bei einem solchen Ansatz werden die Bilder als ein integriertes Element einer in anthropologischem Sinne definierten Kultur verstanden.

I

Eine neue Kunst aus griechischen Formen

Geht man in diesem Sinne von Fragen nach der Rolle der Bilder in der einstigen Lebenswelt aus, dann liegt es nahe, die Geschichte einer römischen Kunst mit dem Zeitpunkt beginnen zu lassen, an dem sie ihre spezifischen Merkmale auszuprägen begann. Dieser Zeitpunkt fällt mit der Umformung von Staat und Gesellschaft bei der Entstehung des Imperium Romanum zusammen, genauer gesagt mit dem Ausgreifen der römischen Armeen nach Unteritalien und dem griechischen Osten. Denn die mit den Eroberungen der griechischen Städte und Königreiche einhergehende Hellenisierung veränderte die politischen und sozialen Strukturen, die Lebensformen, die Wertvorstellungen und das Selbstverständnis der Gesellschaft Roms und seiner italischen Bundesgenossen von Grund auf. Im Verlauf dieses Prozesses wandelten sich auch in fundamentaler Weise Funktion und Charakter der Bilder, mit denen sich die Römer fortan umgaben, und vor allem: Die griechische Kunst wurde in der Folge zum Grundstock einer neuen Bildersprache.

Wir wollen unsere «römische Kunst» deshalb mit der Zeit der großen römischen Siege über Syrakus (211 v. Chr.), Tarent (209 v. Chr.) und über den König der Makedonen Perseus (168 v. Chr.) bis hin zur Eroberung und Zerstörung Korinths und Karthagos (beide 146 v. Chr.) beginnen. Damals sahen die meisten Römer bei den spektakulären Triumphzügen zum erstenmal griechische Kunstwerke in großen Mengen. Diese erste Begegnung war freilich in keiner Weise auf Kunstgenuß angelegt. Denn die griechischen Kunstwerke wurden zusammen mit den Beutewaffen und den Gefangenen inmitten der marschierenden Soldaten vorgeführt. Man sah die kostbaren Statuen und Silbergefäße massenhaft aufgehäuft auf den Karren und Tragebahren.

Aemilius Paullus soll bei seinem drei ganze Tage dauernden Triumph über den letzten Makedonenkönig Perseus neben allem anderen Beutegut dem staunenden Volk nicht weniger als 250 Wagenladungen mit Statuen und Bildern vorgeführt haben. Daß man beim Abräumen und Einsammeln der zahllosen Beutestücke nicht mit der Sorgfalt eines Kunstspediteurs vorging, kann man sich vorstellen. Der griechische Historiker Polybios will mit eigenen Augen gesehen haben, wie die römischen Soldaten nach der Eroberung von Korinth 146 v. Chr. wertvolle griechische Gemälde, die zum Abtransport nach Rom bestimmt waren, als Unterlage beim Würfelspielen benutzten (Polybios 39,2). Und ihr Feldherr Mummius soll den Wert eines berühmten Dionysosgemäldes erst erkannt und dieser aus einer vorgesehenen Versteigerung zurückgezogen haben, als der König von Pergamon, ein Kenner und Liebhaber alter griechischer Kunst, eine hohe Summe dafür bezahlen wollte (Plinius, naturalis historia 35,24). Zweifellos liegt solchen Nachrichten das von den Griechen sorgfältig gepflegte Klischee vom römischen Kulturbarbaren zugrunde. Sie behalten gleichwohl ihren Wert als Momentaufnahmen aus einem einzigartigen Akkulturationsprozeß. Sollte Mummius tatsächlich ein Kunstbanause gewesen sein, so gab es zu diesem Zeitpunkt doch bereits eine ganze Reihe führender römischer Aristokraten aus den großen Geschlechtern, die alles daran setzten, sich die Kultur der hellenistischen Höfe und Städte anzueignen, um diese dann wie neue Griechen zu genießen.

Nicht, als ob das Rom der Könige und der Republik bis dahin aus der Welt gelegen hätte. Wie in anderen Städten Mittelitaliens hatte sich seit archaischer Zeit eine Bildkultur entwickelt, die von Anfang an unter dem Einfluß der griechischen Kunst stand. Diese wurde zunächst vor allem durch die Etrusker, später durch die unteritalischen und sizilischen Griechen nach Rom vermittelt. Auch direkte Importe aus Griechenland sind vor allem unter den Weihegaben der Heiligtümer seit frühester Zeit zu finden. Aufs Ganze gesehen gewinnt man jedoch den Eindruck, daß der Bilderbedarf der festgefügten altrömischen Gesellschaft wie der der anderen italischen Städte noch im 4. Jahrhundert vergleichsweise bescheiden war und sich vor allem auf

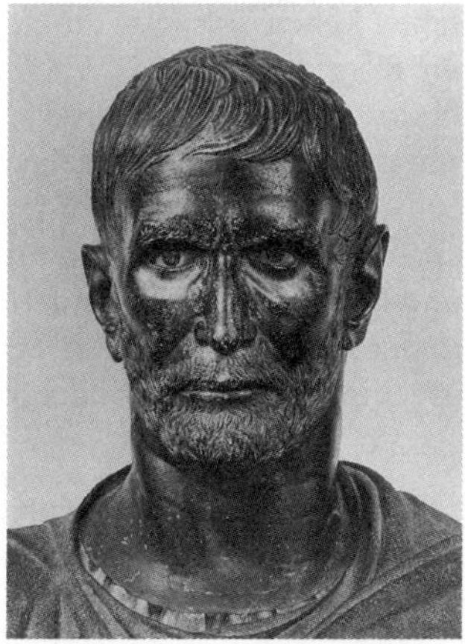

1 Sog. Brutus, um 300 v. Chr. Rom, Konservatorenpalast. Bildnis einer römischen Ehrenstatue

Tempelschmuck, Votive und Grabbeigaben, seit dem späteren 4. Jahrhundert auch auf repräsentative Ehrenstatuen erfolgreicher römischer Politiker erstreckte. Zu solchen Statuen gehörten wohl auch das Porträt des «Brutus» (Abb. 1) und wenige andere außerhalb Roms gefundene «italische» Bronzeköpfe. Der sogenannte Brutus folgt in Haar-, Barttracht und Stil einem griechischen Porträtschema der Zeit um 300 v. Chr., unterscheidet sich jedoch von gleichzeitigen griechischen Werken durch schärfere Formen und kantige Übergänge. Dank dieser im Vergleich mit den Modellen gerade in seinen Härten besonders ausdrucksvollen Formensprache wirkt der Kopf auf den modernen Betrachter schon seit langem wie «ein echter alter Römer», doch lag ein psychologisierender Ausdruck dieser Art dem italischen Künstler sicher fern. Wir haben es demnach auch in diesem Fall mit einer Übernahme aus der griechischen Kunst zu tun.

Dieser Zustand einer lokalen Bildkultur am Rande der griechisch-hellenistischen Welt änderte sich erst mit der umfassenden Aneignung der griechischen Kultur durch die Römer seit dem 3. Jahrhundert v. Chr. Was sich im Laufe der Ausbreitung des Römerreiches im griechischen Osten ereignete, war eine einzigartige Form von Akkulturation, hervorgerufen nicht zuletzt durch das Bedürfnis der Römer, sich die glanzvolle Kultur der Mittelmeerwelt anzueignen, um ebenbürtig an der internationalen Kommunikation teilnehmen zu können. Dieser Prozeß veränderte nicht nur die Lebenswelt der Römer, sondern auf lange Sicht gesehen auch die der griechischen Städte von Grund auf. Die Übernahme bestimmter Formen aufwendigen griechischen Lebensstils, etwa in der Kleidung, in den Speiseritualen, im Pflegen der Muße, aber auch die Aneignung griechischer Philosophie, Dichtung und Kunst führte zumindest bei der Führungsschicht zu einem neuen Wertgefüge und zu einem neuen Selbstverständnis. Im Laufe weniger Generationen kam es zu einer umfassenden Neugestaltung aller Lebensräume. Funktion und Bedarf an Bildern änderten sich dadurch grundlegend, und in der Folge entwickelten sich die Strukturen eines neuartigen, spezifisch römischen Bildersystems.

Die hellenistische Kultur verändert den Lebensstil der römischen Aristokraten

Wenn man Plutarch glauben darf, war Marcellus, der Eroberer von Syrakus (211 v. Chr.), der erste, der nicht nur eine riesige Menge von Kunstwerken, sondern mit diesen auch «Lebenslust, Luxus und Nichtstun» nach Rom brachte (Plutarch, Marcellus 21). Die Kritik zielte auf die berühmt-berüchtigte *tryphe* (zu übersetzen etwa mit dionysischer Fülle und Üppigkeit, Reichtum und Überfluß), die die ptolemäischen Könige in Alexandria schon zu Beginn des 3. Jahrhunderts als ihren Lebensstil und ihr Programm für die Untertanen verkündet hatten und die den Lebensstil der hellenistischen Städte zutiefst prägte. Der ältere Plinius und andere römische Sittenkritiker haben den moralischen Niedergang Roms später unmittelbar mit der Übernahme der griechischen *luxuria* – das war das moralisierende lateinische Äquivalent für *tryphe* – in Verbindung gebracht. Auch die griechische Kunst war nach Auffassung ihrer Kritiker zunächst ein Bestandteil dieser Luxuskultur. Bei dieser Kritik ging es freilich weniger um die Kunst als um Gesinnung und um Lebens- und Denkweisen. Vor allem aber befürchtete man, daß die altrömischen Bürgertugenden durch die Propagierung eines genußreichen Lebens bedroht seien. Allerdings waren diese *mores maiorum* erst in den Spannungen des kulturellen Umbruchs als solche definiert worden, um das Eigene vom Fremden absetzen zu können.

Die Griechen ihrerseits witzelten gerne über die kulturellen

Defizite der Römer, so zum Beispiel über das altertümliche Erscheinungsbild Roms, das sich mit seinen engen verwinkelten Straßen, den archaischen Tempeln mit ihrem altväterlichen Terrakottaschmuck und dem Mangel an repräsentativen öffentlichen Bauten, Plätzen und Säulenhallen in keiner Weise mit den gleichzeitigen überaus kunstvollen Marmorarchitekturen der griechischen Städte vergleichen konnte. Das Stadtbild Roms veränderte sich erst seit dem mittleren 2. Jahrhundert, und auch dann nur langsam. Noch Augustus (27 v.–14 n. Chr.) konnte sich rühmen, Rom aus einer Lehm- und Ziegelstadt in eine Marmorstadt verwandelt zu haben. Zuerst nahm seit der Mitte des 2. Jahrhunderts v. Chr. das Marsfeld Züge einer hellenistischen Stadt an. Denn dort ließ ein siegreicher Feldherr nach dem anderen neue Marmortempel in griechischem Stil, oft mit weiten Säulenhallen, zur Erinnerung an seine Siege und zum Dank an die jeweiligen persönlichen Schutzgottheiten errichten. Wo man noch im alten Stil baute, bediente man sich wenigstens für die tönerne Architekturdekoration neuer hellenistischer Formen, wie die Reste der Tempelgiebel, die man in Rom wie in anderen mittelitalischen und etruskischen Städten gefunden hat, bezeugen können. Neben der tiefen religiösen Bindung der Römer gab es noch einen besonderen Grund für diese Bauten. Das römische Volk hatte nach alter Tradition Anspruch auf eine Teilhabe an der Kriegsbeute. Neben Spielen und Stiftungen in die Staatskasse waren Geschenke an die Götter und ans Volk eine Möglichkeit für die jeweiligen Feldherren, diesem Anspruch zu genügen und sich selbst dabei wirkungsvoll ins Licht zu setzen. Die erbeuteten Kunstwerke wurden häufig zur Ausschmückung dieser neuen Tempel und Heiligtümer benutzt, wodurch diese nicht selten zu weit über die Anlässe hinaus wirkenden Anziehungspunkten wurden.

Dank der Stiftungen der Triumphatoren verwandelten sich damals alte und neue Heiligtümer geradezu in Schauräume griechischer Kunst. Die Art der Ausstellung in den Säulenhallen und in den Tempeln war bereits ein Akt der Aneignung, der Folgen für den Umgang mit Kunst in Rom haben sollte: Die nach Rom verschleppten Statuen und Bilder wurden den Göt-

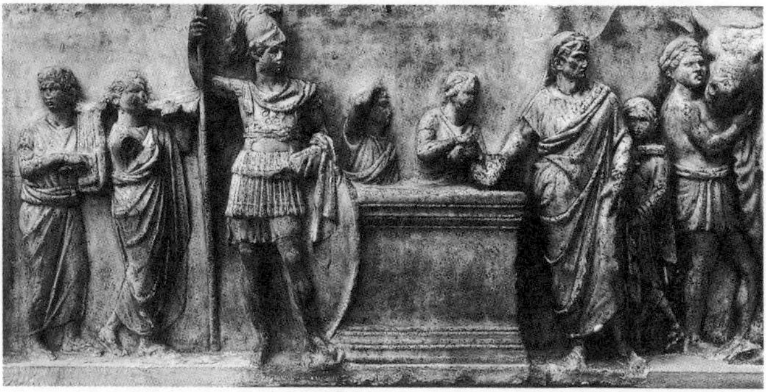

tern zwar als Beutestücke geweiht, gleichzeitig aber gewannen sie als kostbare Zeugnisse der griechischen Kunst neue Funktionen primär ästhetischer Art. Man bewunderte ihre Form und verstand diese als vorbildlich für neue Kunstwerke. Vor allem aber wurden sie als griechische *ornamenta* bald unverzichtbar für öffentliche wie private Räume und Denkmäler, wenn man wollte, daß von diesen Anspruch und Würde ausgehen sollte. Hier liegen die Wurzeln eines «Klassizismus» ganz eigener Art. In den Reliefs der sogenannten Domitius-Ara (Abb. 2a, 2b) ist uns ein für diese Phase der Aneignung charakteristisches Monument erhalten geblieben. Auf drei Seiten war eine große Basis, auf der wahrscheinlich Statuen standen, mit griechischen Reliefs hellenistischer Zeit verziert, auf denen der Hochzeitszug des Meergottes dargestellt ist. Diese Reliefs stammen vermutlich von einem im griechischen Osten abmontierten Monument und wurden in Rom wiederverwendet. Aufgrund der Thematik könnte das ursprüngliche Monument dem Poseidon geweiht gewesen sein. Auf dem von weit weniger geschickten Bildhauern in Rom gemeißelten Relief der vierten Seite aber werden wir in eine ganz andere Welt geführt. Hier ist ein Ausschnitt aus dem Staatsritual des *census* (einer Art Steuerschätzung) mit einem Opfer des Censors an den Kriegsgott Mars dargestellt. Die sinnlichen Körper der Meermädchen und der in sie verliebten Meerkentauren der originalen griechischen Reliefs waren unmittelbar neben dem ernsten Geschäft der Ein-

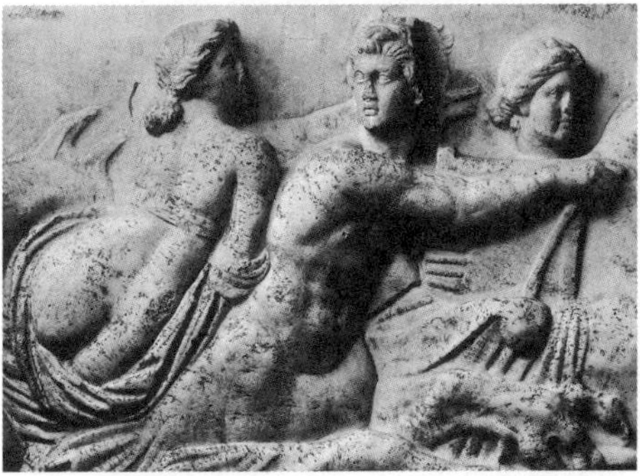

2a, b Basis für ein Ehrenmonument, um 100 v. Chr. Paris, Louvre (2a), und München, Glyptothek (2b)

tragungen der Ritter in die Steuerakten zu sehen – ein bewundernswürdiges Spiel der Phantasie neben einem Bild, das dem Andenken an die Amtsführung eines Zensors und dem Ruhm seiner Familie diente.

Die Feldherren, später auch die römischen Verwaltungsbeamten, brachten aus dem Osten nicht nur Beutekunst und Kriegsgefangene, sondern auch griechische Lehrer, Architekten, Bildhauer und Maler mit nach Rom. Diese sollten ihnen ihre Triumphe ausstatten, Tempel und Denkmäler errichten. Vor allem aber brauchten sie sie, damit sie ihnen in ihren großen Häusern in Rom und in ihren Villen auf dem Land zu Räumen verhalfen, in denen die römischen Senatoren weltläufig, und das bedeutete: in griechischer Manier, leben konnten. Zunächst hieß die Parole «Lernen». In der Lebensbeschreibung des Aemilius Paullus berichtet Plutarch, wie damals (etwa in den Jahren 170–160 v. Chr.) die griechische *paideia* neben die altrömische Erziehung zu treten begann:

«Aemilius Paullus beschäftigte sich viel mit der altrömischen Religion (*religio*) und erzog seine Söhne in den traditionellen Werten, in denen er auch selbst erzogen worden war. Mit noch größerem Eifer aber ließ er sie in griechischer Weise erziehen. Denn nicht nur griechische Grammatik-, Philosophie- und Redelehrer, sondern auch Bildhauer, Maler, Stallmeister, Hundemeister und Lehrer der Jagdkunst waren ständig um die Knaben. Der Vater war stets beim Unterricht und bei den Übungen zugegen, es sei denn, daß eine öffentliche Tätigkeit ihn daran hinderte» (Plutarch Aemilius 6).

Die Auswahl der griechischen Lehrer durch Aemilius Paullus ist bezeichnend: Vom Gymnasium als der zentralen Erziehungsstätte der griechischen Polis werden nur die intellektuellen Disziplinen, nicht aber der griechische Sport, übernommen. Kunstunterricht und Jagd sind dagegen primär Elemente eines höfisch-aristokratischen Lebensstils, wie ihn die hellenistischen Könige pflegten. Die griechische *paideia* sollte die traditionelle römische Erziehung keineswegs ersetzen, sondern erweitern. Römischer Götterglaube und die aristokratischen Tugenden der Tapferkeit, Frömmigkeit und Gerechtigkeit sollten weiterhin den Kern römischen Selbstverständnisses ausmachen. Dazu aber sollte ein neuer, aufwendiger Lebensstil, verbunden mit Lebensfreude und Lebensgenuß, kommen. Mit diesem Phänomen zusammenhängend, erscheint die gleichzeitige Erweiterung des altrömischen Atrium-Hauses durch den Anbau von Säulenhallen – der griechischen Peristyle – mit ihren oft überaus luxuriös ausgestatteten Räumen als sinnträchtige Parallele. Denn diese Erweiterung und Nobilitierung des privaten Lebensraumes diente unmittelbar dem neuen Lebensstil. Die Faszination, die dieser bei der *jeunesse dorée* Roms auslöste, scheint enorm gewesen zu sein. Als die Athener im Jahre 155 v. Chr. drei Philosophen als Gesandte nach Rom schickten, hatten deren (unter anderem auf die Relativität der Erkenntnismöglichkeiten zielende) öffentliche Vorträge einen derartigen Zulauf, daß der alte Cato verständlicherweise darauf drang, sie so schnell wie möglich abzufertigen und wieder nach Hause zu schicken (Plutarch, Cato 22). Schon wenige Generationen später aber studierten die Söhne der römischen Aristokraten und der Honoratioren der italischen Städte, die etwas auf sich hielten, in Athen! Es ist erstaunlich und bewundernswert, wie es dieser Stadt gelungen ist, sich nach dem Verlust der politischen Macht zuerst als Schule Griechenlands und dann sogar als kulturelle Haupt- und Universitätsstadt des Römerreiches zu etablieren. Diese Situation muß man sich vor Augen führen, um die völlige Gräzisierung und Neustrukturierung der römischen Bilderwelt zu verstehen.

Neue Bildräume: Die Villa als Ort des *otium*

Besonders sinnfällig ist der enge Zusammenhang zwischen dem Prozeß der Aneignung der griechischen Kultur und dem Entstehen einer eigenen römischen Bildsprache in der Ausstattung römischer Villen und Häuser. Wir wollen diesen Bereich der privaten Bilderwelt deshalb noch vor den politischen Bildwerken im öffentlichen Raum betrachten. Die Entstehung der römischen Villa hängt unmittelbar mit dem innovativen Potential zusammen, das im Verlauf der Aneignung der griechischen Kultur freigesetzt wurde. Ein offen zur Schau getragener aufwendiger griechischer Lebensstil könnte, so dachten die Senatoren, beim einfacheren Volk nicht nur Ärgernis erregen, sondern auch zu einer Destabilisierung des politischen und gesellschaftlichen Systems der Res Publica führen. Die auf dem Land gelegene Villa bot hier zunächst einen Ausweg. Außerhalb Roms und im Kreis der Gleichgesinnten konnten sich die von der griechischen Kultur Begeisterten dem neuen Lebensstil bedenkenloser hingeben als in Rom. Gleichzeitig konnten sie dort weiterhin als Verfechter der traditionellen Werte auftreten. Es dauerte freilich nicht lange, bis die neue Wohnkultur, wenn auch unter Protesten, ihren Einzug in den großen Häusern Roms hielt.

Die Luxusvilla (*villa urbana*) entwickelte sich aus dem Gutshof (*villa rustica*), in dem man schon immer besser ausgestattete Wohnräume für die Besuche des Besitzers bereithielt. Auch später blieb die enge Verbindung mit der Landwirtschaft als wirtschaftliche Grundlage der meisten Villen erhalten. In den landschaftlich schönsten Lagen am Golf von Neapel und am Abhang der Albaner Berge entstanden seit dem 2. Jahrhundert v. Chr. ganze Villenlandschaften. Gleichzeitig mit der Villa kam aber auch die schnell zur Ideologie geronnene Vorstellung auf, die Zeit in einen Bereich des *otium*, der Muße, und einen Bereich des *negotium*, der Pflichten, einzuteilen. In Rom hatte man sich als Politiker, Anwalt und *patronus* (Patron) seinen Verpflichtungen zu widmen, in der gerichtsfreien Zeit jedoch konnte man im privaten Bereich das *otium* genießen, und zwar inmitten einer zu diesem Zweck gleichsam neu erfundenen griechischen Kulturwelt. Neben die Alltagswelt der Pflichten trat eine Art von griechischer Freizeitwelt, in der man sich gleichermaßen leiblichen wie geistigen Genüssen überlassen und den angenehmen Dingen wie Gastmählern, Gesprächen mit Freunden, Spielen und dem Besuch der eigenen kleinen Thermenanlage hingeben konnte. Als Gegenwelten formuliert, stellten die beiden Lebensbereiche eine kulturelle Neuerfindung dar, deren Folgen bis in unsere Zeit reichen.

Mit den Säulenhallen und den aufwendig ausgestatteten Wohn- und Ruheräumen der Villen entstanden imaginäre griechische Wohnlandschaften. Durch griechische Namen wurden entsprechende Vorstellungen suggeriert. Eine Porticus (Säulenhalle) wurde zum *gymnasium*, ein geschützter Raum zur *pinacotheca*, ein Garten-Peristyl zur *palaestra*. Durch die entsprechende Ausstattung verwandelte man Gärten in kleine Heiligtümer. Kulturell besonders anspruchsvolle Villenbesitzer erinnerten an berühmte griechische Bildungseinrichtungen wie die platonische Akademie oder an Luxusorte wie den Canopus bei Alexandria. In diesem Ambiente empfing der Hausherr seine Gäste. Nicht wenige besaßen bald griechische Bibliotheken und Kunstsammlungen. Gelegentlich gehörte sogar ein leibhaftiger griechischer Hausphilosoph als Gesprächspartner und moralischer Mentor gleichsam zum Inventar. Eine wesentliche Rolle bei diesem Sich-Versetzen in ein virtuelles Griechenland spielte die Ausstattung der Räume mit Bildern aller Art, mit Statuen und Statuetten, mit Wandmalereien und Mosaiken, aber auch mit Bauornamenten und mit durch Bildschmuck verzierten Möbeln und Geräten, alles natürlich in griechischem Stil.

Die Skulpturen der Villa dei Papiri

Leider ist keine der frühen Villen in anschaulichem Zustand und schon gar nicht mit einigermaßen vollständiger Bildausstattung erhalten. Die Raumwirkungen einer Villa des 1. Jahrhunderts v. Chr. kann man heute nirgends besser studieren als in Malibu bei Los Angeles, wo der Ölmagnat Paul Getty die Villa dei Papiri in Originalgröße als Museum rekonstruieren ließ (Abb. 3). Die Villa war im 18. Jahrhundert im Auftrag der Bourbonen von dem Schweizer Architekten Karl Weber mit einer bewundernswerten Bergbautechnik weniger ausgegraben als mit unterirdischen Stollen ausgetastet worden. Dabei fand man in den von Lava-Massen versiegelten einstigen Peristylen und Gärten weit über hundert fast vollständig erhaltene Bronze- und Marmorstatuen und Büsten, mit wenigen Ausnahmen Kopien und Varianten griechischer Bildwerke klassischer und hellenistischer Zeit. Zusammen mit den Wandmalereien, die zwar nicht in dieser, aber in anderen Villen und in gleichzeitigen Häusern erhalten sind, geben sie eine Vorstellung von dieser privaten Bilderwelt zur Zeit der späten Republik.

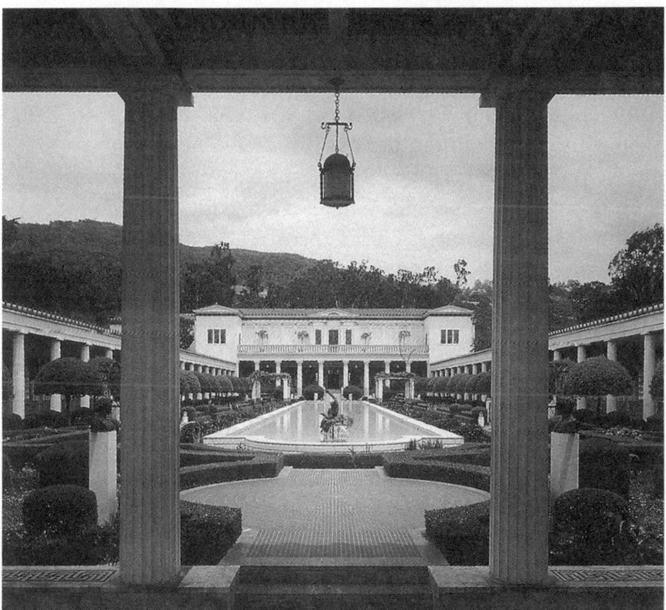

3 Malibu, J. P. Getty-Museum. Teilrekonstruktion der Villa dei Papiri in Herculaneum

Die Statuen standen in der Villa nicht mehr wie ehedem in den griechischen Städten als öffentliche Sieger-, Ehren- oder Weihestatuen, die aus konkreten Anlässen errichtet worden waren. Sie dienten vielmehr als hochwertiger Schmuck des neuen Wohnens in griechischem Stil. Entscheidend dabei war, daß die Skulpturen – über das unmittelbar Dargestellte hinaus – als Assoziationsimpulse zur Vergegenwärtigung von einzelnen Bereichen und Errungenschaften der griechischen Kultur dienten und damit direkt oder indirekt kulturelle Vorbilder und Werte vermittelten. So erinnerten Athletenstatuen an die Welt der griechischen Körperkultur, Philosophen- und Dichterbüsten an Gymnasium und Theater, und Bildnisse griechischer Staatsmänner und hellenistischer Könige führten große historische Persönlichkeiten vor Augen. Andere Statuen vergegenwärtigten Mythen, Heroen und Götter. Der neuen Funktion der Bilder entsprach eine neue, abstrakte Rezeptionsweise auf seiten der Betrachter. Der sitzende Hermes zum Beispiel erinnerte nicht nur an den Botengott des griechischen Mythos und an sein besonderes Verhältnis zu den Athleten. Er stand jetzt auch für wirtschaftlichen Erfolg und Wohlstand (weshalb ihn dann selbst die wilhelminischen Kommerzienräte noch gern in ihren Vestibülen aufstellten). Der berauscht hingesunkene, lachende und singende Satyr dagegen ist als ein Inbegriff dionysischer Lebensfreude und damit als Verkörperung eines bestimmten Lebensideals zu verstehen (Abb. 4). Wir werden auf das hier zum Ausdruck gebrachte Selbstverständnis noch zurückkommen (S. 73 ff.).

Obwohl ein Großteil der Skulpturen der Villa dei Papiri bei zwei oder drei Großeinkäufen in der zweiten Hälfte des 1. Jahrhunderts v. Chr. erworben worden sein muß, ließ sich bislang weder in der Aufstellung in den Peristylen und Wohnräumen noch in der Auswahl ein schlüssiges und kohärentes «Bildprogramm» ausmachen. Vielmehr scheint es dem Besitzer vor allem auf möglichst bunte und vielfältige Assoziationsanreize angekommen zu sein. Dank der ausschnitthaften Reduktion vor allem der Bildnisstatuen auf Hermenbüsten konnte er auch auf relativ beschränktem Raum entlang eines langen Wasserbeckens ein umfangreiches Kompendium griechischer Kultur zusam-

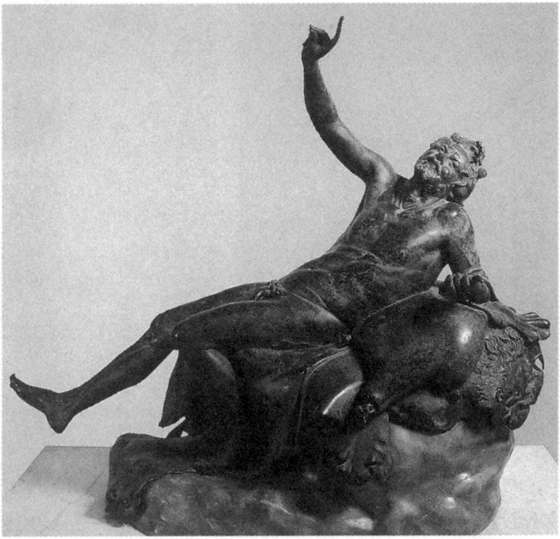

4 Bronze-Statue eines betrunkenen Satyrs aus der Villa dei Papiri. Neapel, Museo Nazionale

menstellen. Jedes dieser Bildnisse erinnerte an bestimmte Gestalten, die mit Ereignissen oder Aspekten der griechischen Vergangenheit und Kultur verbunden waren, mit Philosophie und Literatur, mit klassischen Schlachten und hellenistischen Höfen. Man findet Bildnisse hellenistischer Könige (Abb. 5) neben berühmten griechischen Dichtern (Abb. 6), Philosophen und Staatsmännern. Dasselbe gilt für die weite Welt des Mythos. Hier wären vor allem die in einer Meereshöhle aufgestellten hellenistischen Marmorgruppen von Sperlonga zu erwähnen, die die schrecklichen Abenteuer des Odysseus mit Polyphem und mit der Skylla dem Villenbesitzer und seinen Gästen, die auf einer Art Insel in der Höhle speisten, gleichsam «live» vor Augen führten.

Man braucht nicht zu betonen, daß die Voraussetzungen für eine solche Art von Rezeption je nach Bildung und Interesse sehr verschieden sein konnten. Die meisten Villenbesitzer waren zweifellos mit den Standart-Sets zufrieden, wie sie von den auf diese Ausstattungskunst spezialisierten Bildhauerwerkstätten schon im 1. Jahrhundert v. Chr. geliefert werden konnten. Denn diese genügten ihnen als Ausweis für einen kulturell gehobenen

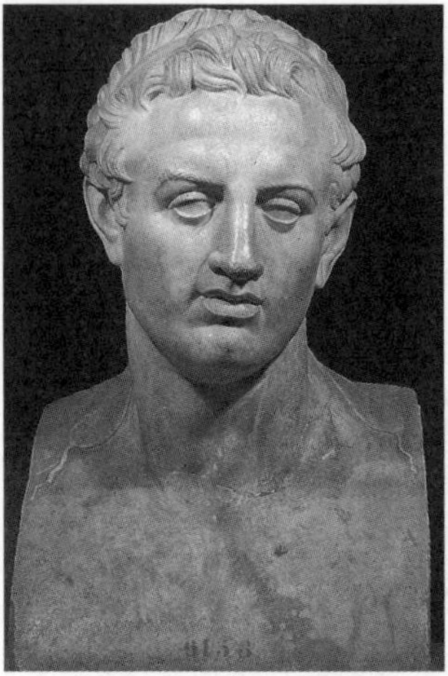

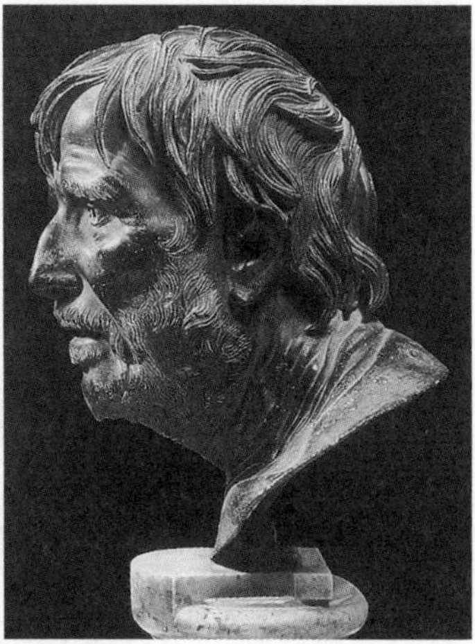

5, 6 Bildnisse aus der Villa dei Papiri: Ptolemaios II. von Ägypten; griechischer Dichter (Hesiod?). Neapel, Museo Nazionale

Lebensstil, vor allem aber für ihre Teilhabe an und Kompetenz in griechischer Bildung und Kultur. Selbst Cicero, der so unglücklich war, daß man ihm aus Griechenland Statuen dionysischer Thematik, nämlich Mänaden, statt der bestellten Musen für seine Bibliothek geliefert hatte, machte hier keine Ausnahme (Cicero, Ad familiares VII 23). Dagegen waren Sammler und Liebhaber wie der wegen seines Luxus so berühmt-berüchtigte Lucullus und der von Cicero wegen seiner Erpressungen angeklagte Verres wohl wirkliche Kenner.

Die Wandmalerei: Blick in imaginäre Räume

Nicht weniger aufschlußreich für den völlig neuen Umgang mit griechischer Kunst sind die Wandmalereien derselben Zeit. Sie bezeugen zunächst – darin ganz von der Akkulturationssituation geprägt – das Bedürfnis, sich in eine ferne griechische Kultur- und Luxuswelt zu versetzen. Darüber hinaus weisen sie aber auch auf eine weitere neue Funktion der Bilder hin, die zu einer charakteristischen Eigenart der römischen Kunst überhaupt werden sollte. Seit der Zeit um 100 v. Chr. finden wir in Rom, vor allem aber in den vom Vesuv verschütteten Villen und Häusern, eine bis dahin unbekannte Form von Raumdekoration, die alle Wände eines Raumes überzog. Nach einer ersten Phase, in der die Wandmalerei griechische Innenräume mit Marmor-Verkleidungen imitierte, kamen im sogenannten zweiten Stil (100–30 v. Chr.) großflächige Architekturprospekte und Friese mit fast lebensgroßen Figuren in Mode. Man sieht in heilige Bezirke mit Säulenhallen und Tempeln. Alles ist mit aufwendigen Ornamenten verziert, überall stehen und hängen reiche Opfergaben. Was jedoch fehlt, sind Menschen, die diese phantastischen Räume bevölkern könnten. Die Architekturen laden den Betrachter ein, sich in ihnen zu ergehen, sie bilden keine Wirklichkeit ab. Im Gegensatz zu den Wandmalereien der venezianischen Barockvillen wollen sie die Räume weniger optisch erweitern als für die Phantasie des Betrachters öffnen.

Bezeichnenderweise halten Wandsockel und verschlossene Tore die Augen des Betrachters auf Distanz. Wie bei den Skulpturen der Villa dei Papiri können Bildprospekte unterschiedlicher Thematik unmittelbar nebeneinander stehen: In einem Ruheraum der kleinen Villa von Boscoreale sah man zum Beispiel direkt neben einem städtischen Heiligtum eine Nymphengrotte im verlassenen Winkel eines Parks (Farbtaf. 2a, 4). Im Speisesaal derselben Villa, deren Hauptteile als Gutshof dienten, findet man gleich daneben Bilder ganz anderer Thematik. Hier thronte unter anderem – zum Greifen nahe – ein hellenistisches Fürstenpaar neben einem strengen Philosophen und gegenuber der bekannten Gruppe der drei Grazien. Im großen Speiseraum der Villa dei Misteri erscheinen Dionysos und seine Trabanten neben Frauen und Kindern (mit denen Mitglieder der Familie des Besitzers gemeint sein könnten) ebenso nahansichtig wie die Säulen und kostbaren Geräte im danebenliegenden kleinen Ruheraum (Abb. 7). Der Betrachter sieht sich den Bildern, die wie Visionen auf einem riesigen Bildschirm vor ihm auftauchen, in einer fast bedrängenden Weise ausgesetzt. Im Gegensatz zu den späteren Wanddekorationen (des sogenannten dritten und vierten Stils, vgl. S. 75 ff.) kam es in dieser frühen figürlichen Wand-

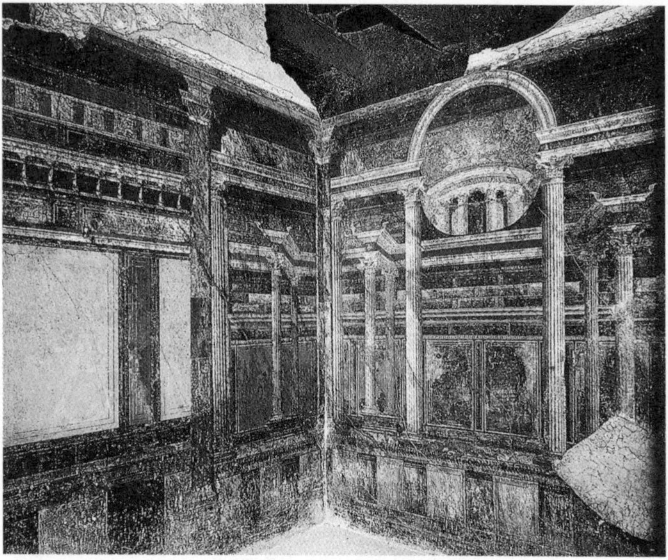

7 Pompeji, Villa dei Misteri, Architekturprospekt in einem kleinen Ruheraum, um 60 v. Chr.

malerei des 1. Jahrhunderts v. Chr. vor allem auf unmittelbare Vergegenwärtigung an. Wie die Skulpturen über das, was sie konkret darstellten, hinaus bestimmte Konnotationen kultureller und ethischer Art aufrufen sollten, so ging es auch bei den Wandmalereien des «zweiten Stils» darum, die Betrachter einzuladen, in die gemalten Räume als in Räume der Phantasie einzutreten. Die Bilder an den Wänden schaffen eine Art von Überwelt, die dazu angetan ist, die reale Lebenswelt zu überhöhen. Wir werden später auf dieses eigenartige Phänomen zurückkommen.

Diesem Kulturkult und den neuen Funktionen der Statuen und Bilder entsprechen die für das Villenleben der Oberschicht überlieferten gesellschaftlichen Rituale. Sie schaffen, wenn man so will, eine Brücke zwischen den Bildern und der realen Lebenssituation. Das gelehrte Gespräch mit Freunden oder mit dem Hausphilosophen gehörte ebenso zur Villenkultur wie griechische Unterhaltungsthemen bei Mahl und Gelage (unter anderem mit griechischen und östlichen Speisen). Es scheint durchaus nicht unüblich gewesen zu sein, sich dabei in einen griechischen Mantel zu hüllen und griechische Sandalen anzuziehen. Die Bildwerke waren gelegentlich sogar direkt auf konkrete Situationen dieser Bildungsrituale bezogen. So läßt sich etwa Cicero zu Beginn des Dialoges «Brutus» mit seinen Freunden auf einer Wiese zu Füßen einer sehr bewußt hier aufgestellten und eigens erwähnten Platonstatue nieder, um sich so für das folgende Gespräch gleichsam in dessen Akademie zu versetzen. Die Kunstwerke halfen gelegentlich in unmittelbarer Weise, solche Inszenierungen spielerisch zu erweitern. Ein bronzener Knabe, in dessen reizvoll androgyner Gestalt gleichsam ein klassischer Ephebe als Diener in den Raum tritt, diente zum Beispiel als Leuchterträger (Abb. 8). Daß das tatsächliche Verhalten von Hausbewohnern und Gästen diesen Idealisierungen durch Kunst und Ritual oft nicht entsprochen haben mag, steht auf einem anderen Blatt. Auch wenn griechische Bildung schnell zu einem Kriterium wurde, mit dem man gesellschaftliche Distink-

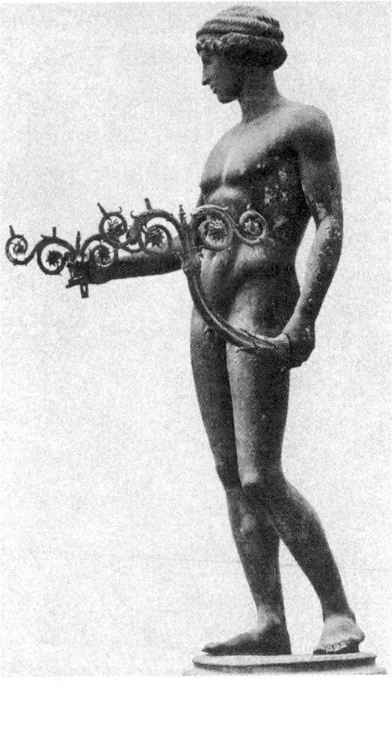

8 Bronzener Leuchterträger in Gestalt eines griechischen Epheben, Augustus-Zeit. Neapel, Museo Nazionale

tion erlangen konnte, wird es in den alten Familien nicht wenige gegeben haben, die sich über all diesen Bildungseifer vielleicht lustig gemacht haben. Unter den Gebildeten selbst gab es jedenfalls selbstironische Bemerkungen zu der allenthalben sichtbaren Beflissenheit. Auf zwei berühmten Silberbechern aus der Villa von Boscoreale setzte man den Spott sogar geistreich ins Bild um, indem man die berühmten Philosophen ihre Weisheiten noch als Skelette verkünden ließ, und zwar auf griechisch (Abb. 9).

Schon diese wenigen Beispiele zeigen, daß – unbeschadet der Tatsache, daß die einzelnen Elemente dieser Bilderwelt in der Regel allesamt aus der griechischen Kunst entlehnt waren – die Statuen und Bilder doch neu zusammengestellt und komponiert, vor allem aber in völlig neuer Weise verwendet wurden. In ihrer Fülle vergegenwärtigten sie gleichermaßen den Reichtum der kulturellen Tradition und die Wachträume von einem luxuriösen, ja fürstlichen Lebensstil. Das Auge des Betrachters nahm die einzelnen Werke je nach Situation ganz unterschiedlich auf: zufällig oder bewußt, selektiv oder enzyklopädisch, flüchtig oder aufmerksam. Kein ausgeklügeltes «Programm» drängte sich ihm auf, er konnte sich frei in der Bilderfülle bewegen. Ein auffallendes und für das Verständnis aufschlußreiches Phänomen ist bei dem gesamten privaten Bilddekor dieser Zeit das Fehlen jeder spezifisch «römischen» Thematik. Man sucht ver-

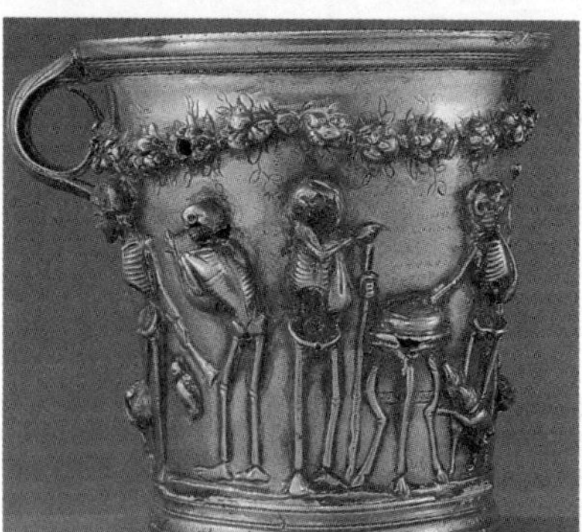

9 Silberner Becher. Neapel, Museo Nazionale. Diskutierende Philosophen in Gestalt von Skeletten

gebens nach großen Römern der Vergangenheit, nach spezifisch römischen Mythen oder Taten. Aber auch Szenen aus dem Villenleben oder der Landwirtschaft fehlen völlig. Alles scheint darauf angelegt, das Leben im Haus durch ständige griechische Kulturassoziationen zu überhöhen. Man wollte in den Räumen des *otium* Griechenland als eine erhabenere Welt erleben.

Auswahl des Besten – Nachahmen als kulturelles Schicksal

Das auch im interkulturellen Vergleich sehr eigenartige Phänomen einer so umfassenden Übernahme und Umfunktionalisierung der Formenwelt einer – wenn nicht fremden, so doch andersartigen – Kultur verdankte seine Entstehung einer, wenn man so will, «zufälligen» historischen Situation, in der zwei voneinander unabhängige Gegebenheiten zusammentrafen: die kulturelle Unterlegenheit der römischen Sieger auf der einen und die klassizistisch-retrospektiven Tendenzen der übernommenen hellenistischen Kultur auf der anderen Seite. Im Laufe der hellenistischen Zeit, besonders seit dem 2. Jahrhundert v. Chr., hatte man in der griechischen Welt begonnen, in der Poliskultur des 5. und 4. Jahrhunderts die maßgebende Zeit der eigenen Kultur zu sehen. Letztlich handelte es sich bei diesem Zurückblicken und Sich-neu-orientieren um eine Vergewisserung der eigenen Identität. In den Bildkünsten war es dabei in den griechischen Kulturzentren sowohl zur Ausbildung allgemein klassizistischer Stiltendenzen als auch zu bewußten Anlehnungen und Wiederholungen berühmter klassischer Kunstwerke gekommen. Dieser zunächst innergriechische Vorgang wurde durch den schnell wachsenden Bedarf an griechischen Bildwerken bei den Römern entscheidend verstärkt. Die genormte Ausstattung der Villa dei Papiri bezeichnet keineswegs den Anfang eines Prozesses. Schon um 100 v. Chr. war vor der tunesischen Küste bei Mahdia ein Frachtschiff gesunken, das griechische Originalwerke zusammen mit Kopien und Bauornamenten, die in den griechischen Bildhauerateliers eigens zur Villen- und Hausausstattung der Römer hergestellt worden waren, nach Italien bringen sollte.

Die Verwendung der «Kopistenkunst» als Dekor schärfte die Augen der römischen Kenner für die ästhetischen Qualitäten und das Nebeneinander von archaischen, klassischen und hellenistischen Stilformen und lenkte den Blick auch auf formale Unterschiede und Eigenarten. Rhetorikstudien machten die Römer zudem mit kunsttheoretischen Reflexionen hellenistischer Intellektueller bekannt, die bereits über die Eigenarten von Künstlern und über die Auswahl des Besten aus der Fülle der überkommenen klassischen Kunst nachgedacht hatten. So schrieb man etwa den Werken des 5. und 4. Jahrhunderts v. Chr. eine besondere Hoheit und Würde zu, die vor allem den Götterbildern zukam, wobei man bereits zwischen strengeren und freieren Stilformen differenzierte. Solche Überlegungen spielten jetzt auch bei der Auswahl der Römer eine Rolle und lieferten Anhaltspunkte für ästhetische Wertungen, wie sie dann besonders bei der Wahl der Stilformen für die politische Repräsentationskunst zum Tragen kamen.

Schon in hellenistischer Zeit hatte sich eine Art Kanon der berühmtesten Meister und Werke der klassischen Zeit herausgebildet, der dann auch der Auswahl der beliebtesten Kopien zugrunde lag. Die Athletenstatuen des Polyklet, die Satyrn und Aphroditen des Praxiteles oder die Gemälde des Zeuxis hatten schon zu ihrer Entstehungszeit großen Ruhm erlangt, und es ist nur zu verständlich, daß sich kunstinteressierte Römer jetzt um gute Kopien solcher Werke bemühten. Durch den Vergleich mehrerer Kopien eines griechischen Originals kann der Archäologe heute die unterschiedliche Qualität der einzelnen Arbeiten bis zu einem gewissen Grade beurteilen. Dabei legten bestimmte Zeiten mehr Wert auf Detailgenauigkeit als andere, aber selbst die «getreueste» Kopie bleibt ein Werk eigener Art, wobei schon die Umsetzung eines Bronzeoriginals in Marmor eine eigene Leistung darstellt und zu anderen Formen und Wirkungen führt. In augusteischer Zeit legte man besonderen Wert auf Präzision und lineare Strukturen, wie ein glänzend gearbeiteter Amazonenkopf nach einem berühmten Original des 5. Jahrhunderts v. Chr. zeigen kann (Abb. 10). Oft werden bei der Auswahl freilich auch ganz praktische Gründe, wie die Zugänglichkeit der Originale

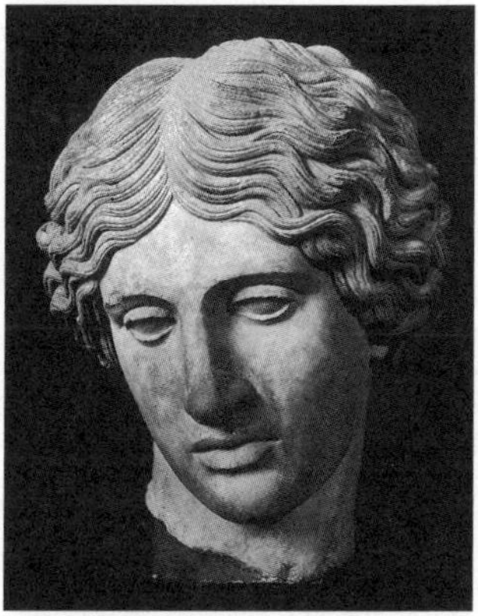

10 Augusteische Kopie nach einer berühmten Amazonen-Statue des 5. Jhs. v. Chr. Rom, Konservatorenpalast

und die Erlaubnis, sie abzuformen, eine Rolle gespielt haben. Auch der spezifische Bedarf bei den Villenbesitzern war von entscheidendem Interesse. Es ging ja nicht darum, ein nach kunsthistorischen Kriterien geordnetes Museum einzurichten. So erklärt sich die Fülle von Statuen dionysischer Thematik zum einen aus der Bedeutung des Dionysos als Gottheit der Lebensfreude, zum andern aber auch aus dem Bedarf an ansprechendem Gartendekor. Daß diese Trabanten des Dionysos weitgehend auf hellenistischen Vorbildern beruhten, die von der klassizistischen «Kunsttheorie» als Werke einer Verfallszeit eingestuft wurden, kümmerte die Auftraggeber wenig. Besonders interessant wäre natürlich zu wissen, was den Römern *nicht* gefiel. Aber gerade da tappen wir weitgehend im dunkeln, beruhen unsere Vorstellungen von den Werken der großen griechischen Künstler doch weitgehend auf dem, was die Römer ausgewählt haben.

An dieser Stelle müssen wir wenigstens kurz auf das Kopistenwesen und auf die Verwendung der Kopien, Varianten und Umbildungen im Rahmen der neuen römischen Bilderordnung eingehen. Von Anfang an ging es bei der Aneignung der griechischen Kunst nicht nur um die Anfertigung von möglichst «getreuen» Kopien der *opera nobilia,* wie sie in Rom genannt wurden. Die Bildhauer benutzten das Formenarsenal, das ihnen zur

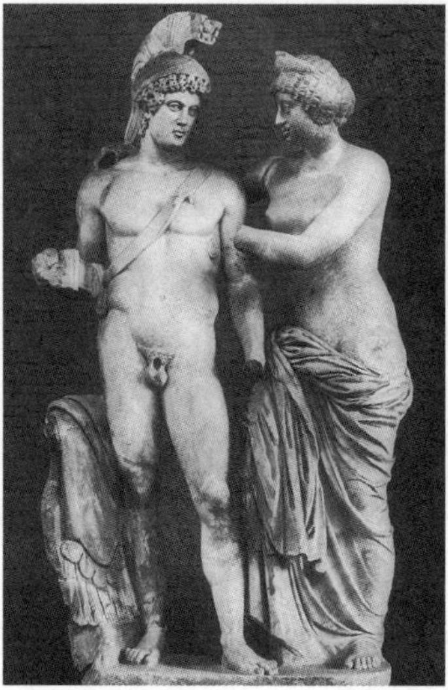

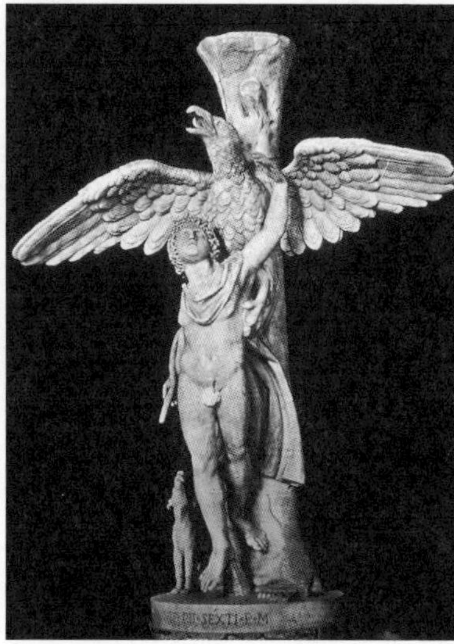

11 (links) Mars und Venus als Grabstatuen. Rom, Museo Nazionale Romano
12 (rechts) Marmorner Tischfuß in Gestalt des Ganymed. Vatikanische Museen

Verfügung stand, vielmehr meist in freier Weise. Für anspruchsvolle Auftraggeber entstanden kunstvolle Um- und Neubildungen, bei denen zum Teil sogar bewußt Formelemente unterschiedlicher Stilepochen miteinander kombiniert wurden. So verband man etwa die Kopie einer Aresstatue des 5. Jahrhunderts mit der Kopie einer 100 Jahre später entstandenen Aphroditestatue (Abb. 11). Die Gruppe sollte zunächst die Eintracht des Kaiserpaares versinnbildlichen, fand später jedoch auch als Monument bürgerlicher Ehepaare am Grab Verwendung. Bei der Ausstattung von säulengeschmückten Theater- oder Brunnenfassaden oder von Thermensälen mit einer Vielzahl von Statuen (Abb. 13) genügte dagegen die Erkennbarkeit der bald überall bekannten Schemata. Bei Bildnisstatuen berühmter griechischer Persönlichkeiten der Vergangenheit reichte die Wiedergabe des Kopfes. Diese hatte auch den Vorzug, daß man die Züge des Dargestellten besser aus der Nähe betrachten und den Namen unter der Büste lesen konnte, wie dies auch in der Villa dei Papiri der Fall war. Die Bereiche, in denen man die griechischen Prototypen und Formen zur Anwendung bringen konnte, waren unbegrenzt. Sie umfaßten die Körper von Bildnisstatuen – wir werden sie noch kennenlernen – ebenso wie Möbelbeschläge und Geräteappliken. Ein Tischfuß zum Beispiel konnte die Gestalt einer berühmten Ganymedstatue annehmen (Abb. 12), um bei Tisch an den Mundschenk der Götter zu erinnern; ein Messergriff konnte als Miniatur des «hängenden Marsyas», dem die Haut abgezogen wurde, gebildet sein, um so die banale Assoziation «schneiden» aufzurufen.

So entstand ein Schlagwort- oder besser «Schlagbild»-Repertoire, das sich nach und nach im ganzen Imperium Romanum verbreitete. In den säulengeschmückten Schaufassaden der Theater und der monumentalen Nymphäen (Brunnen) konnte man die einzelnen Statuen wie Wörter eines Textes lesen, der das Lob der Stadt, ihrer Götter und des Kaiserhauses verkündete. Die kommunikative Kraft dieses so entstandenen neuen Bildmediums ist kaum zu überschätzen. Es hatte den

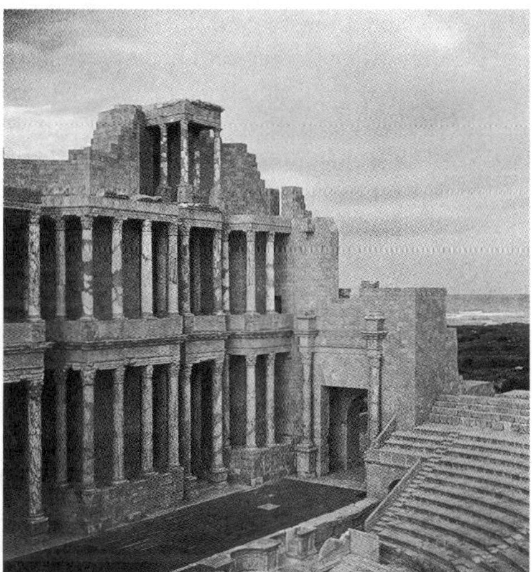

13 Sabratha (Libyen), Theaterfassade mit Saulengliederung

Vorzug, leicht ablesbar und allein schon aufgrund der festgeprägten Bildschemata allgemein verständlich zu sein. Das machte es auch möglich, Gottheiten der dem Reich eingegliederten Völker in griechischer Gestalt erscheinen zu lassen. So zum Beispiel jene syrische Göttin Anat, die nun in einem Bildtypus der griechischen Athena dargestellt werden konnte. Durch solche Angleichungen wurde die Vorstellung einer umfassenden religiösen Einheit befördert, ohne daß die einheimischen Traditionen ernsthaft angetastet wurden. Daß diese Vereinheitlichung der Bilder letztendlich auch zu Veränderungen in der Substanz führten, steht auf einem anderen (übrigens kaum erforschten) Blatt. Schon diese Andeutungen mögen deutlich machen, daß Schlagwörter aus dem Arsenal moderner Kunstgeschichte wie «Kopistenkunst», «Eklektizismus» oder «Fehlen schöpferischer Kräfte» ganz unangemessen sind und dieser zentralen Eigenart der römischen Kunst in keiner Weise gerecht werden.

Volkskunst?

Die allgemein übliche und gleichsam ideologisch abgesicherte Verwendung der im weitesten Sinne «klassizistischen» Bildersprache mit vorgeprägten Elementen betraf alle zentralen Lebensbereiche: die Religion, die öffentliche Repräsentation und die privaten Bildräume der Häuser und Gräber. Das hatte zur Folge, daß die Künstler nicht mehr nach neuen Formen zu suchen brauchten. Von wenigen Bereichen wie dem realistischen Bildnis abgesehen, scheint das Zeichnen nach der Natur weitgehend aus der Übung gekommen zu sein. Vor eine neue Aufgabe gestellt, suchten die Künstler zuerst nach klassischen Vorgaben, die sie in irgendeiner Form für ihre Zwecke adaptieren konnten. Die Qualität eines Ateliers bemaß sich unter anderem nach der Breite des Spektrums der zur Verfügung stehenden griechischen Formen und Ikonographien und der Fähigkeit, diese wirkungsvoll zu verwenden. Schwierigkeiten entstanden immer dort, wo etwas dargestellt werden sollte, was mit dem Vokabular und Repertoire dieser, wenn man so will, gebildeten

Hochsprache nicht ohne weiteres zur Anschauung gebracht werden konnte.

Besonders häufig war dies in der formativen Phase in der späten Republik sowie bei Auftraggebern der Fall, die ganz bestimmte Vorstellungen von dem hatten, was sie dargestellt sehen wollten, und die den repräsentativen Formenkanon der «Hochkunst» nicht verinnerlicht hatten. Und das waren vor allem die sozialen Aufsteiger. Ihr Mitteilungsbedürfnis war besonders groß, drängte es sie doch häufig, etwas abgebildet zu sehen, was wirklich mit ihnen und ihrer Welt zu tun hatte. Sehr charakteristisch ist das Grabrelief eines Mannes, der vermutlich in der Verwaltung oder Organisation der Circus-Spiele angestellt war (Abb. 14). Er war auf diese Funktion so stolz, daß er einen Ausschnitt aus einem Wagenrennen mitsamt der Circus-Architektur darstellen ließ. Der Bildhauer brauchte dafür aber so viel Platz, daß er den Auftraggeber und seine Frau in die Ecke quetschen mußte. Der Angestellte erscheint als Togatus mit strengen Zügen und trajanischem Haarschnitt. Seine offenbar schon früher verstorbene Frau ist (in kleinerem Format!) neben ihm als Statue dargestellt. Hatte er ihr wirklich eine Statue mit Göttinnenkörper errichtet? Nicht genug damit, der Bildhauer sollte auch noch die eheliche Verbundenheit und Liebe zum Ausdruck bringen. Deshalb verbindet er die beiden im Händedruck, unbeschadet

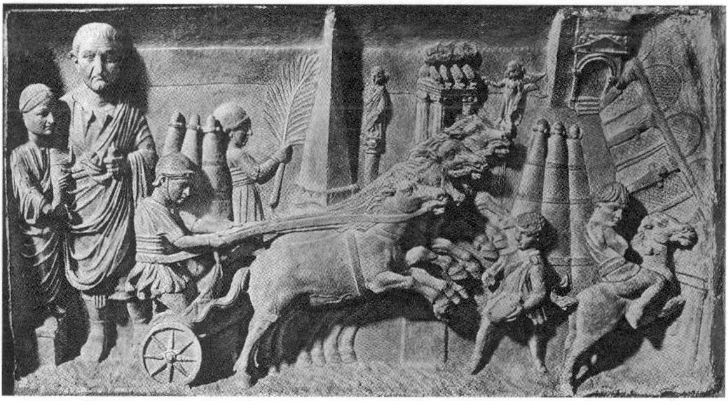

14 Grabrelief eines Circus-Beamten, trajanisch. Vatikanische Museen

ihrer Marmorexistenz. Nicht alle Bildhauer waren so geschickt wie dieser. Oft entstanden primitive Bilder, denen man die Mühe der Steinmetzen und ihre Verzweiflung, ohne Vorbild arbeiten zu müssen, ansieht. Nicht selten bestechen aber solche Arbeiten der «Volkskunst» durch die Unmittelbarkeit ihres Ausdrucks. So etwa ein Relief, das die Geschicklichkeit einer Hebamme zu rühmen versucht, deren Angehörige es an der Außenseite des Grabhauses ihrer Familie in Ostia anbringen ließen (Abb. 15).

Da man während der ganzen Kaiserzeit solche Arbeiten mit einer «naiven» Ikonographie und einer handwerklich oft sehr bescheidenen und unbeholfenen Formensprache findet, haben die Archäologen lange Zeit von einer neben der klassizistischen «Hochkunst» herlaufenden «Volkskunst» gesprochen. Dabei habe es sich, so ihre Meinung, um eine über Jahrhunderte hin tradierte, aus alten italischen Quellen gespeiste Kunstrichtung gehandelt, die sich in der Spätantike dann aufgrund sozialer Veränderungen auf breiter Front als die «eigentliche» römische Kunst durchgesetzt habe. Später wurde diese Volkskunst im Sinne einer Klassenkunst sogar als *arte plebeia* verstanden (R. Bianchi Bandinelli). Beide Vorstellungen scheitern jedoch daran, daß weder eine formale Kohärenz noch die Zugehörigkeit der Auftraggeber zu einer bestimmten Schicht der Bevölkerung nachgewiesen werden kann, im Gegenteil. Überzeugender scheint die Annahme von in einfachen Werkstätten immer wieder neu erfundenen Formen und Kompositionsweisen zu sein, bei denen es primär um direkte Mitteilungen und leichte Lesbarkeit und weniger um kunstvolle Stilisierungen in klassischen Formen ging.

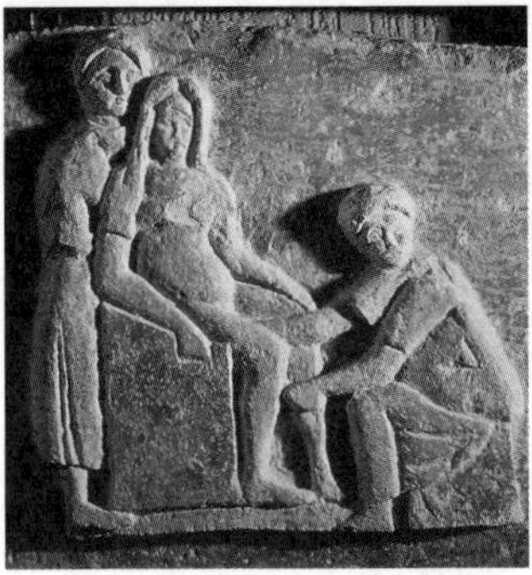

15 Grabrelief einer Hebamme. Ostia, Museum

II

Widersprüchliche Bilder der späten Republik

Neben dem Prozeß der Aneignung der hellenistischen Kultur gab es eine zweite elementare Kraft, die die im Entstehen begriffene römische Bildersprache vor allem in den letzten Jahrzehnten der Republik entscheidend vorangetrieben hat: die soziale und politische Konkurrenz, die auf allen Ebenen der Gesellschaft herrschte. Das Ausgreifen der römischen Macht in den Westen und Osten des Mittelmeerraumes hatte enorme Reichtümer nach Italien fließen lassen. Für die Führungsschichten eröffneten sich dabei neue Möglichkeiten zu schnellem Machtgewinn. Aber auch das Bürgertum, vor allem die überaus aktiven Freigelassenen, konnten dank des Überseehandels in kurzer Zeit zu Wohlstand und Ansehen gelangen. Ob Aristokraten, Ritter oder Bürger, alle drängten jetzt danach, ihren Statusgewinn zu zeigen, auf sich aufmerksam zu machen. Nie wieder entstanden so viele neuartige Bauten und Monumente wie zur Zeit der späten Republik. Sie war zusammen mit der Augustuszeit die kreativste Periode der römischen Kunst (150 v. Chr. – 14 n. Chr.).

Repräsentieren über die Stadt hinaus

Die Zeitgenossen müssen die Veränderungen ihrer Umwelt sehr bewußt erlebt haben. Denn das Stadtbild Roms und mehr noch das der verbündeten Städte in Mittelitalien modernisierte sich seit der Mitte des 2. Jahrhunderts v. Chr. innerhalb weniger Generationen. Am Forum Romanum entstanden neue Tempel und Basiliken, die den Namen ihrer Erbauer trugen, auf dem Marsfeld die Heiligtümer der Triumphatoren, dazu Hafenanlagen, Lagerhäuser, Straßen, neue Märkte, aufwendige Wohnhäuser. Um das Zentrum Roms bildete sich ein Grüngürtel mit Parks

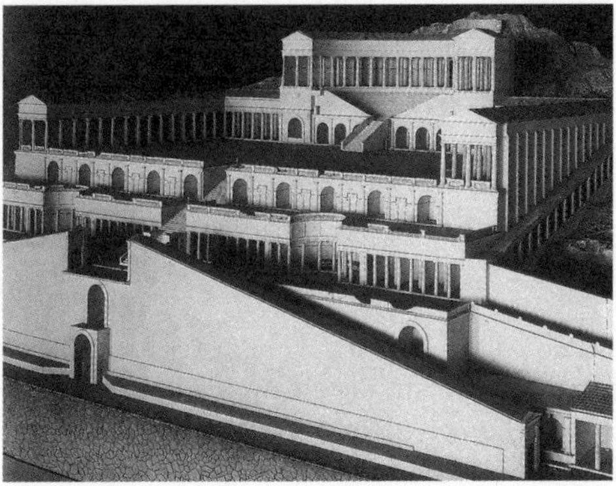

16 Fortuna-Heiligtum in Palestrina, Modell

(*horti*) und Villen der Reichsten. Die alten Städte in Mittelitalien konkurrierten untereinander und mit Rom, das sie an kühnen Architekturen sogar zunächst übertrafen. Die veränderte Situation zeigte sich vor allem an den zur Landschaft und zu den Straßen hin ausgerichteten Heiligtümern, deren Terrassen und gewaltige Substruktionen in Praeneste (Palestrina) (Abb. 16), Tibur (Tivoli) und Terracina auch den heutigen Besucher noch zu beeindrucken vermögen. Auch dem ungünstigen Terrain von Bergstädten wie Alatri und Anagni zwang man Terrassen mit Säulenhallen und Repräsentationsbauten auf. Es kam dabei weniger auf die tatsächliche Funktion der Bauten als auf schon von weitem sichtbare Schaubilder an. Auch diese machen ja einen nicht unwesentlichen Teil der Bilderwelt aus. Alles war darauf angelegt, den Besucher zu beeindrucken.

Mit der Eroberung Italiens seit dem 4. Jahrhundert v. Chr. hatten die Römer begonnen, dauerhafte Straßen anzulegen, die zum Teil heute noch die Namen ihrer Erbauer tragen. Sie verbanden die Koloniestädte mit dem Zentrum Rom und ermöglichten den Legionen schnelle Operationsmöglichkeiten. Vor allem aber erleichterten sie Verkehr und Handel. An diesen Straßen waren die Römerstädte wie Perlen an einer Kette aufgefädelt. Alles, was außerhalb der Mauern lag, richtete sich auf diese großen Durchgangsstraßen aus: die Heiligtümer, die Villen, vor allem aber die Grabmonumente. Diese drängten sich vor den Toren. Jeder, der es sich leisten konnte, bemühte sich um einen Platz in der vorderen Reihe und an einer möglichst sichtbaren Stelle. Der Drang, sich zur Geltung zu bringen, beherrschte die Gesellschaften großer und kleiner Städte und Gemeinden (*vici*) gleichermaßen und erfaßte auch die mittleren Schichten der Bevölkerung. Die Repräsentation an der Straße ist ein bildhafter Ausdruck für das neue Bedürfnis der Bürger nach Selbstdarstellung, das jetzt, anders als früher, weit über die eigene Stadt hinauswirken wollte.

Viele der Grabbauten, wie sie bald auch in den westlichen und nördlichen Provinzen des römischen Reiches entstanden, nehmen sich mit ihren aufwendigen Architekturen und ihrem Bildschmuck wie öffentliche Ehrenmonumente aus. Ein besonders gut erhaltenes Beispiel ist das 18 m hohe Monument der Iulier in Staint-Rémy (Glanum) in der ehemaligen Gallia Narbonensis (Abb. 17). Es stammt aus der Mitte des 1. Jahrhunderts v. Chr. Die Statuen der geehrten Verstorbenen stehen in einem kleinen Rundtempelchen, das von zwei unterschiedlichen, übereinander getürmten architektonischen Elementen in die Höhe gehoben wird, einem vierfachen Ehrenbogen (*quadrifons*) und einem mit Schlacht- und Jagdszenen verzierten Sockel. Ähnliche Monumente, die sich wie in diesem Fall durch Häufung der Formen zu überbieten suchen, sind in Italien besonders in Campanien und Aquileia erhalten. Nicht selten finden sich unter den architektonischen und dekorativen Elementen solch hypertropher Monumente Anregungen aus unterschiedlichen Kulturen, aus dem hellenistischen Osten, aus der etruskisch-italischen Tradition, ja selbst

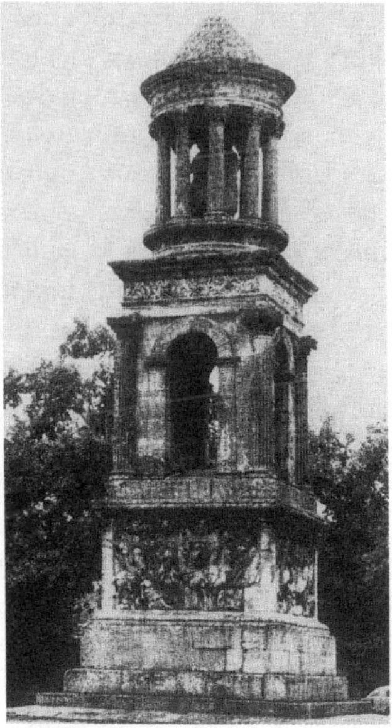

17 Saint-Rémy, Grabmal der Iulier

aus Ägypten – auch dies ein eindrucksvolles Beispiel für die in dieser Situation der Konkurrenz und des Eintretens in die hellenistische Welt freigesetzten schöpferischen Kräfte.

Konkurrenz der Mächtigen

In Rom selbst zersetzte die Konkurrenz der großen Feldherren und ihr ständiges Durchbrechen der alten Ordnung den Zusammenhalt der Senatsaristokratie und mit diesem die gesamte republikanisch-oligarchische Struktur des Staates. Seit Marius und Sulla ging es dann ganz unverhohlen um die Vor- bzw. Alleinherrschaft. Diese Situation wirkte sich auch auf die Formen der politischen Selbstdarstellung aus. Waren die relativ bescheidenen Heiligtümer der Triumphatoren auf dem Marsfeld trotz aller dort ausgestellten Trophäen und Kunstwerke zunächst noch den Regeln des grundsätzlich gleichberechtigten Nebeneinanders gefolgt, so sprengten die Bauten und Baupläne der Triumvirn alle Grenzen: der Theaterbau des Pompeius, Caesars Forum Iulium und seine gigantisch-utopischen Stadtbaupläne, die sogar eine Umleitung des Tiber vorsahen, schließlich das alle früheren Grabmonumente in den Schatten stellende Mausoleum des jungen Octavian/Augustus. Leider sind die Ausstattungen dieser Bauten weitgehend verlorengegangen. Das Nebeneinander zeitgenössisch hellenistischer und klassizistischer Formen muß ein buntes Bild geboten haben: stilistische Vielfalt als Bereicherung der Ausdrucksmöglichkeiten auch hier.

Diesen Eindruck gewinnt man auch, wenn man die Bildnisstatuen dieser Zeit betrachtet. Von Statuenehrungen römischer Politiker und Feldherren hören wir schon seit dem späteren 4. Jahrhundert. Dabei handelte es sich überwiegend um Toga- und Reiterstatuen mit den entsprechenden Rangabzeichen der Magistrate. Wie in den hellenistischen Städten nahm die Aufstellung der Statuen an zentralen Plätzen auch in Rom schon im 2. Jahrhundert v. Chr. so inflationäre Formen an, daß die Censoren 158 v. Chr. das Forum von allen ohne ausdrücklichen Volks- und Senatsbeschluß errichteten Statuen säuberten und so wenigstens in diesem zentralen Bereich Regeln durchzuset-

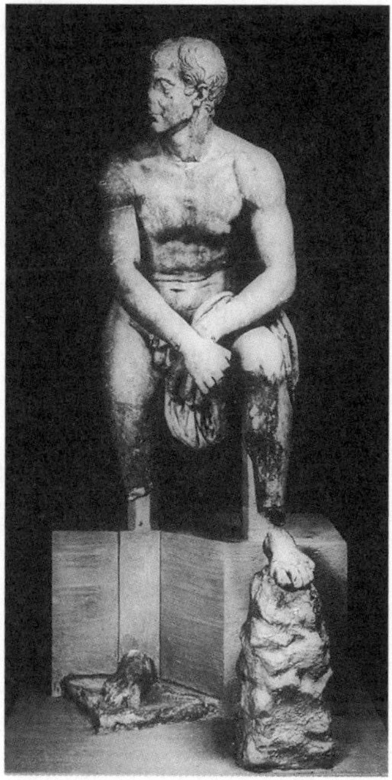

18 Statue eines führenden Politikers, 1. Jh. v. Chr. Neapel, Museo Nazionale

zen versuchten. In unserem Zusammenhang ist die Übernahme heroisierender Formen der Statuenrepräsentation, wie sie vor allem für die hellenistischen Könige benutzt worden waren, von besonderem Interesse. Denn auch in den nicht mehr auf ein konkretes Staatsamt bezogenen neuartigen römischen Ehrenstatuen spiegelt sich die Auflösung der alten, auf Ämterlaufbahn und Familienzugehörigkeit gegründeten Ordnung. Für die römischen Aristokraten und die Nobilität der Römerstädte scheint die Aneignung herrscherlicher Bildnistypen unproblematisch gewesen zu sein. Jedenfalls ließen sie sich überall, auf den Plätzen ebenso wie an den Gräbern, pathetische Reiterstatuen und Ehrenstatuen in «heroischer Nacktheit» errichten, die dann einträchtig neben den früheren und gleichzeitigen Togastatuen standen. Eine besonders eindrucksvolle Statue der neuen Art wurde in Cassinum gefunden (Abb. 18). Sie stammt aus der Zeit des Diktators Sulla und stellt vermutlich einen römischen Feldherrn, vielleicht einen *patronus* von Cassinum dar. Der Künstler bediente sich eines seit dem späten 4. Jahrhundert v. Chr. für Götter und Heroen, später für hellenistische Herrscher benutzten Schemas, um den Geehrten möglichst spektakulär in Szene zu setzen. Der römische Senator und Feldherr ist nackt mit hoch aufgestütztem Fuß und pathetischer Kopfwendung dargestellt. Feldherrnmäntelchen und Schwert weisen auf seine militärischen Meriten hin.

Da solche hochgreifenden Bildnisformen aus der griechischen Götter- und Heroen-Ikonographie sich auch bei Honoratioren der römischen Landstädte großer Beliebtheit erfreuten, kann man die neuen Statuen nicht nur als Zeugnisse von Machtansprüchen werten. Sie bringen auch die Bewunderung für die eindrucksvollen hellenistischen Bildnisschemata mit ihren Pathosformeln zum Ausdruck, mit deren Wirkung die traditionellen Togastatuen kaum konkurrieren konnten. Wir haben es mit derselben Faszination zu tun, die in den Villen zur Aufstellung der Bildnisse hellenistischer Fürsten oder in der Casa del Fauno in Pompeji zur Auslegung des berühmten Alexandermosaiks geführt hat. Politische Bedenken der auf ihre republikanische Verfassung so stolzen Römer und notorischen Königshasser gab es offenbar nicht. Von Protesten hören wir lediglich, wenn römische Beamten in griechischen Städten mit dem Griechenmantel statt mit der Toga auftraten, die man für offizielle Anlässe für allein angemessen hielt, weil sie ein Symbol der römischen Herrschaft war.

Neben Bauten und Ehrenstatuen gab es noch eine Fülle anderer Möglichkeiten der Selbstdarstellung für die politische Führungsschicht: in Staatszeremonien als Magistrat, in öffentlichen Auftritten im Senat und vor dem Volk, als *patronus* vor den Klienten und vor Gericht, durch die Ausstattung von Haus und Villa. Für junge Politiker bot das Amt des Münzmeisters schon zu Beginn ihrer Ämterlaufbahn die Möglichkeit, auf Verdienste ihrer Familien hinzuweisen und sich so für künftige Ämter zu empfehlen. Angesichts des geringen auf einer Münze zur Verfügung stehenden Raums, mußte mit Bild- und Wortkürzeln gearbeitet werden, die Münzbenutzer, welche mit den Familiengeschichten der Aristokraten nicht sehr vertraut waren, sicher oft überfordert haben. Neben dem Verweis auf Erfolge und denkwürdige Taten der jeweiligen Vorfahren versuchten manche Münzmeister auch auf die angebliche Abstammung ihrer Familie von einem griechischen Heros hinzuweisen, «Stammbäume», wie sie sich einige Adelshäuser schon seit dem 3. Jahrhundert v. Chr. zugelegt hatten. Das wirft ein bezeichnendes Licht auf die widersprüchlichen Tendenzen im Selbstverständnis der Führungsschicht: Verdienst und Leistung auf der einen, mythische Aura auf der anderen Seite. Wir haben es hier letztlich mit demselben Phänomen zu tun, dem wir bereits angesichts der Bewunderung für die hellenistischen Könige in den Villen der Senatoren begegnet sind. Wie unbefangen die Bilder in dieser Zeit noch ausgewählt und miteinander verbunden wurden, zeigt die bereits erwähnte «Domitius-Ara», auf der die Darstellung eines bedeutenden Staatsakts mit den sinnlichen Bildern der Meerfrauen und ihrer Monsterliebhaber verbunden worden sind (vgl. Abb. 2). Die konkret politische Wirkung solcher Formen der Selbstdarstellung wird man nicht sehr hoch einschätzen dürfen. Zumindest für die Münzen mit den griechischen «Ahnen» hat man mit Recht auf die äußerst komplizierte Sprache der auf engem Raum zusammengedrängten Bildzeichen und Sprachkürzel hingewiesen.

Der Stolz auf das eigene Gesicht

In diese Zeit der gesellschaftlichen Umbrüche und der kulturellen Öffnung fällt auch die Entstehung des realistischen Porträts, das zu Recht als eine charakteristische Gattung der römischen Kunst gilt. Jedoch haben wir es auch auf diesem Gebiet zunächst mit einem Nebeneinander unterschiedlicher Bildniskonzeptionen zu tun, die allesamt ihre Wurzeln in der hellenistischen Kunst haben. Das braucht nicht zu verwundern, waren es doch auch in diesem Genre die griechischen Künstler, die für die Römer arbeiteten. Am eklatantesten sind die Unterschiede zwischen den pathetisch expressiven und den bis ins häßliche Detail sachlich beschreibenden Bildnissen. Der Auftraggeber

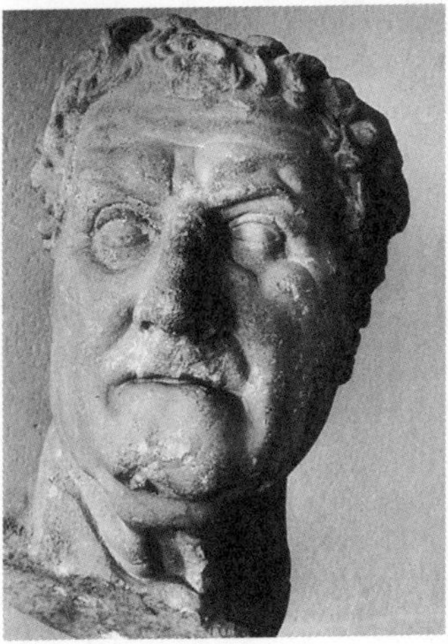

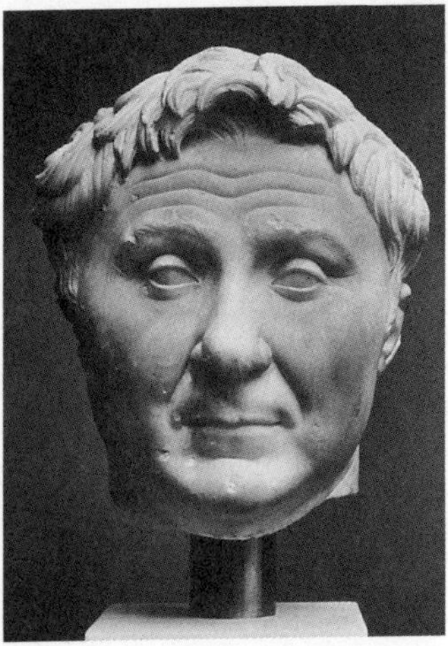

hatte die Wahl zwischen diesen beiden Möglichkeiten und einer Fülle von Mischformen. Ein gutes Beispiel für eine solche Mischform ist ein Porträt, das in mehreren Wiederholungen erhalten ist und einen bislang anonym gebliebenen römischen Aristokraten aus dem späteren 2. Jahrhundert v. Chr. darstellt (Abb. 19). Ein Greis präsentiert sich trotz seines Alters als ein Mann von unbändiger Energie. Die dabei verwendeten Pathosformeln wie Kopfwendung, Anspannung der Gesichtszüge und offener Mund stammen samt und sonders aus dem Repertoire hellenistischer Kunst. Das stilistisch in ruhigeren Formen konzipierte Bildnis des Pompeius (Abb. 20) versucht, die pathetische hellenistische Formtradition mit römischer Bürgernähe zu verbinden. Über dem biederen Gesicht springt das Haar in Anspielung auf Bildnisse Alexanders des Großen auf, mit dem er sich auch sonst gerne verglich. Eine besondere Eigenart der besten Bildnisse dieser Zeit ist die Charakterisierung nicht nur der physischen, sondern auch der psychischen Eigenschaften des Dargestellten. Mit seinem Anflug von ironischer Überlegenheit und aristokratischer Distanz stellt das zu seinen Lebzeiten verbreitete Porträt Caesars ein Meisterwerk individueller Charakterisierungskunst dar (Abb. 21). Dabei muß man

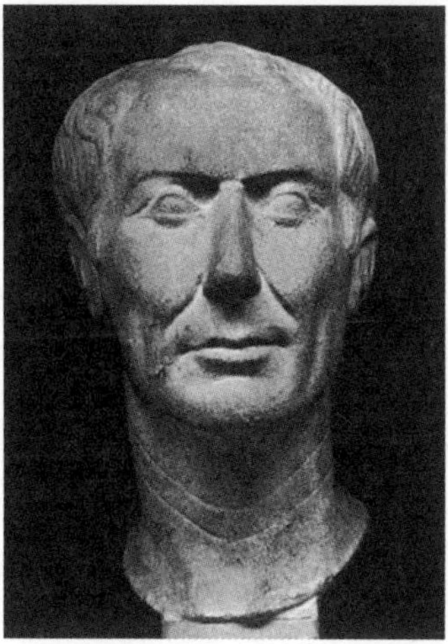

19 (links) Bildnis eines anonymen Politikers aus dem 2. Jh. v. Chr., zeitgenössische Kopie. Paris, Louvre
20 (Mitte) Bildnis des Pompeius um 60 v. Chr., Kopie um 40 n. Chr. Kopenhagen, Ny Carlsberg Glyptotek
21 (rechts) Bildnis Caesars aus Tusculum. Turin, Museo Archeologico

bedenken, daß nur bescheidene Marmorkopien erhalten geblieben sind.

Das auf alle Pathosformeln verzichtende «realistische» Porträt hat sich erst im Laufe der letzten Jahrzehnte der Republik herausgebildet, wurde dann aber zur beliebtesten Form. Die nüchterne, ganz auf die unverwechselbaren Züge ausgerichtete Wiedergabe der Physiognomien scheint mit einem spezifischen Selbstverständnis vieler Zeitgenossen zusammenzuhängen. Denn in den griechischen Städten herrschte zur gleichen Zeit immer noch die traditionelle Tendenz zur Verjüngung und Idealisierung der Züge, selbst bei Greisengesichtern. Den untereinander konkurrierenden Politikern in Rom lag daran, sich als unverwechselbare Individuen zu präsentieren. Vermutlich vermochte der scharfe Realismus auch römische Wertvorstellungen wie Strenge und Autorität überzeugend zu veranschaulichen. Die in der früheren Forschung gängige Herleitung des realistischen Porträts aus den von den Gesichtern der Toten abgenommenen Wachsmasken, wie sie in den Atrien der großen Adelshäuser hingen, hat sich dagegen nicht bewährt.

Der realistische Bildnisstil verbreitete sich weit über die Führungsschicht hinaus. Dank des kompetitiven Klimas entstand

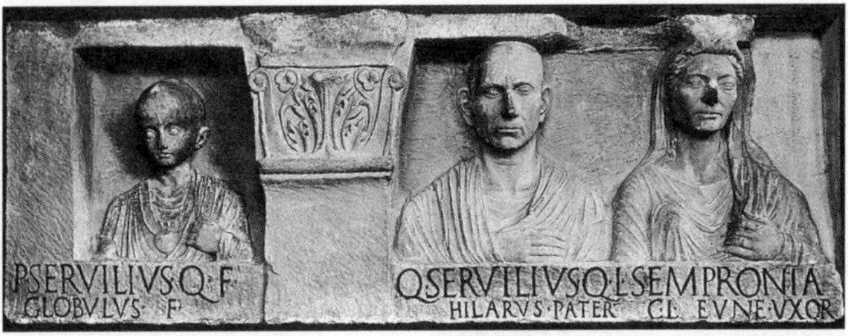

22 Grabrelief eines Freigelassenen-Paares mit ihrem freigeborenen Sohn, der eine *bulla* trägt, augusteisch. Vatikanische Museen

bei den vielen zu Wohlstand gekommenen Bürgern unabhängig von Stand und Status ein Bedürfnis nach Repräsentation, das es früher nicht gegeben hatte. Vielleicht kann man die vielen Porträts an den Grabdenkmälern dieser Zeit als stolze Bekundungen individueller Lebensleistungen verstehen. Das wäre besonders einleuchtend angesichts der vielen Aufsteiger. Wer genügend Geld besaß, ließ sich eine Statue anfertigen, günstiger zu haben waren Reliefs, die sich auf den Büstenausschnitt beschränkten und mehrere Familienangehörige nebeneinander zeigten. Letztere waren bei den Freigelassenen besonders beliebt. Denn ihnen lag daran, sich zusammen mit ihren Frauen und Kindern darstellen zu lassen, kam darin doch ihr neuer Status am sichtbarsten zum Ausdruck, der ihnen die legitime Heirat erlaubte. Deshalb tragen die Knaben eine *bulla* um den Hals, die sie als frei geborene, keinen Restriktionen im Bürgerrecht mehr unterworfene Römer kennzeichnet (Abb. 22). Die Reliefs waren in die Fassaden der Grabhäuser eingelassen, so daß Tote und Lebende wie aus Fenstern auf die Passanten hinunterschauten. Auch sie konnten sich dank der realistischen Bildnisse bei ihren Bekannten im Gedächtnis halten und auf diese Weise auf ihre Lebensleistung verweisen, dank derer sie es zu Wohlstand und Freiheit gebracht hatten. So spricht manches dafür, im sachlich-deskriptiven Stil des spätrepublikanischen Individualporträts ebenfalls einen Ausdruck der allgemeinen Umbruchsituation und Mobilität der Gesellschaft zu sehen.

III

Herrschaft und Weltordnung im Kaiserreich

Bisher haben wir versucht, das Entstehen und die Eigenarten der römischen Bilderwelt in der späten Republik zu verfolgen und aus ihren Funktionen verständlich zu machen. Dabei haben sich die Übernahme der griechischen Kultur auf der einen und das hochgradig kompetitive Klima in der Politik und in der ganzen Gesellschaft auf der anderen Seite als die entscheidenden Antriebskräfte beim Entstehen der römischen Kunst herausgestellt. Für die Zeit der späten Republik sind Neuerungen und Kreativität ebenso charakteristisch wie widersprüchliche Botschaften und Formen. Erst mit der Begründung der Monarchie durch Augustus (27 v. – 14 n. Chr.) bildete sich ein kohärentes Bildersystem heraus. In besonderer Weise gilt dies für die Staatskunst.

Der Kaiser: Principat und Herrscherbild

Nachdem in der Seeschlacht von Actium (31 v. Chr.) der Bürgerkrieg ein Ende gefunden hatte, wurde Octavian, der bald darauf den Namen Augustus verliehen bekam, von allen Seiten mit Ehrungen überhäuft. Man errichtete Bogenmonumente und Altäre für ihn, stellte Viergespanne und unzählige Statuen im ganzen Reich auf. Letztere rühmten den Sieger nicht anders als die Großen der späten Republik mit dem inzwischen geläufigen Repertoire aus Panzer-, Reiter- und nackter Heroenstatue. Am beliebtesten aber wurden jetzt zumindest im römischen Westen des Reiches die Togastatuen. Daß der nunmehr unumstrittene Herrscher des Imperium Romanum sich am liebsten im einfachen, jetzt freilich stoffreicheren Bürgerkleid dargestellt sehen wollte, mag nach den pathetischen Statuen der späten Republik erstaunen, entsprach jedoch dem Selbstverständnis des Augustus als Princeps, d. h. als Erster unter gleichen. Die schöne Statue von der Via Labicana (Abb. 23) zeigt ihn beim Opfer mit bedecktem Haupt, wie es dem Ritus entsprach (*capite velato*). In der Rechten hielt er die Opferschale. Andere Attribute und Besonderheiten der Togastatuen konnten auf bestimmte Staatsämter oder Priesterschaften hinweisen. Für die verschiedenen Grundtypen der Bildnisstatuen benutzten die Werkstätten bekannte Muster. Es waren Normkörper, die Verdienste und Eigenschaften der Geehrten in abstrakter Form zum Ausdruck brachten, nicht aber den tatsächlichen Körper des Dargestellten abbilden wollten, wie wir das aus der Neuzeit kennen. Die Körperschemata brachten die Haupttugenden der Kaiser zum Ausdruck: Ihre Vorbildlichkeit als Bürger und Beamte (*toga*), ihre Fähigkeiten als Feldherren durch den Panzer (Abb. 24), ihre unermüdliche Präsenz im Reich durch das sogenannte Reisekostüm, bestehend aus kurzer Tunica und Mantel, ihre *auctoritas* und ihren souveränen Umgang mit Feinden und Unterworfenen (Reiterstandbild). Spezifische Monumente großen Formats wie die Triumphalquadriga feierten den siegreichen Feldherrn. Die schon in der späten Republik benutzten nackten oder halbnackten Götter- oder Heroenkörper aus dem Repertoire der griechischen Kunst wurden weiterhin verwendet, spielten im neuen historischen Kontext auch auf die Götternähe der Kaiser an (Abb. 25). Die überragende Stellung des Herrschers wird dabei als eine Art von Mittlerfunktion verstanden. Sieht man von geringfügigen Erweiterungen des Typenbestandes sowie Präferenzen ab, die sich unter bestimmten Herrschern oder in Teilen des Reiches feststellen lassen, so blieben diese Grundtypen bis in die Spätantike hinein in Gebrauch.

Individuell gestaltet waren nur die Köpfe. Nur sie standen für persönlichere Aussagen zur Verfügung. Die Körper dagegen waren austauschbar. Deshalb konnten die Köpfe eines gestürzten Kaisers, dessen Gedächtnis durch Senatsbeschluß getilgt werden sollte (*damnatio memoriae*), durch die seines Nachfolgers ersetzt oder überarbeitet werden. Im Falle der Augustusstatue von der Via Labicana ist der besonders qualitätvolle Kopf aus feinerem

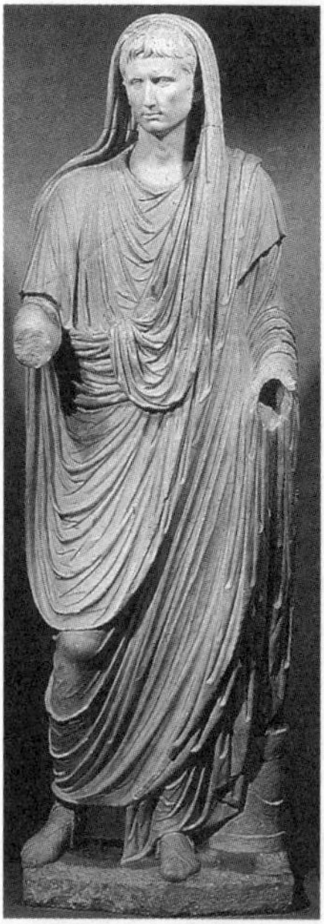

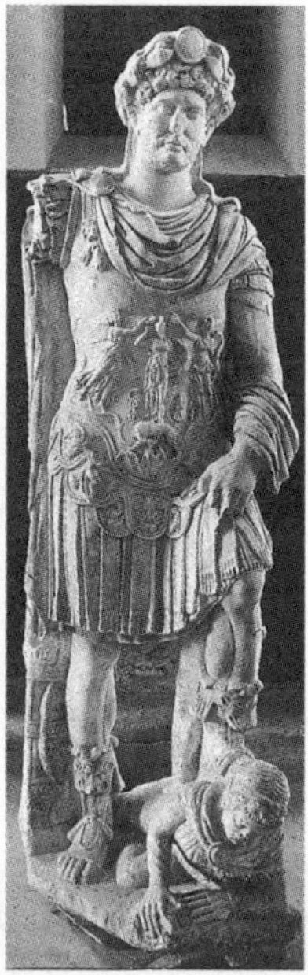

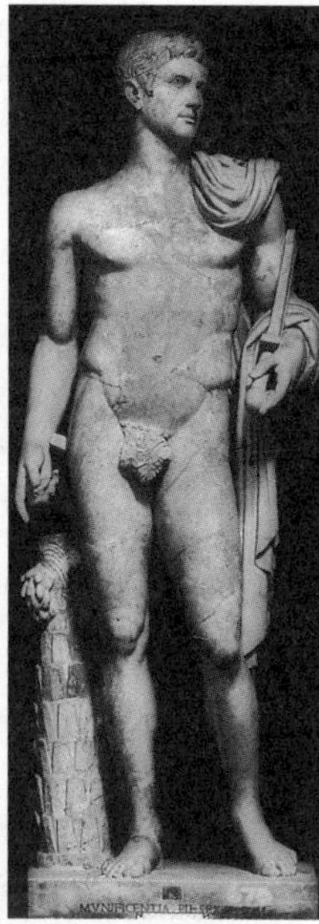

23 Togastatue des Augustus als Opferer. Rom, Museo Nazionale Romano
24 Panzerstatue des Hadrian, aus Kreta. Istanbul, Archäologisches Museum. Der Kaiser zertritt einen Barbaren
25 Augustus als nackter griechischer Heros. Vatikanische Museen

Marmor offenbar von einem Spezialisten gearbeitet und in den als Routinearbeit vorgefertigten Statuenkörper, der auch anderweitig hätte verwendet werden können, eingesetzt.

Eine Eigenart des römischen Herrscherbildes besteht darin, daß diese Statuenschemata und -typen (sieht man vom Schema des sitzenden Jupiter und der Triumphalquadriga ab) in keiner Weise den Kaisern vorbehalten waren. Für die Toga ist das selbstverständlich. Sie war die allgemeine Bürgertracht. Aber auch andere Beamte und selbst Provinzhonoratioren konnten mit Panzer- oder Reiterstatuen geehrt werden. Die nackten Statuen und die Götterkörper wurden später sogar als Grabstatuen auch von einfachen Bürgern verwendet, um so die Verdienste und Tugenden der Toten in allegorischer Form zum Ausdruck zu bringen. Wir werden sehen, daß auch die nackten Kaiserstatuen zunächst (das heißt vor der offiziellen Apotheose) primär als panegyrische Ehrungen, nicht aber als Ausdruck einer irgendwie gearteten «Heroisierung» oder «Vergöttlichung» zu verstehen sind.

Seit langem war es im griechischen Osten üblich, ganze Familien einschließlich der Frauen in Form von Statuengruppen zu ehren. Für das julisch-claudische Haus griff man besonders gerne zu dieser Form der Ehrung. Konnte man damit doch die Propagierung einer Dynastie, die bereits Augustus aller Principats-Ideologie zum Trotz nachdrücklich betrieben hat, als wünschenswert begrüßen. Auf einem bekannten Friesfragment in Ravenna (Abb. 26) ist etwa die Hälfte einer solchen Statuengruppe aus der Zeit des Kaisers Claudius dargestellt. In der Mitte steht der vergöttlichte Augustus mit nacktem Oberkörper und in Jupiter-Haltung, er hält das Szepter in der Hand und setzt

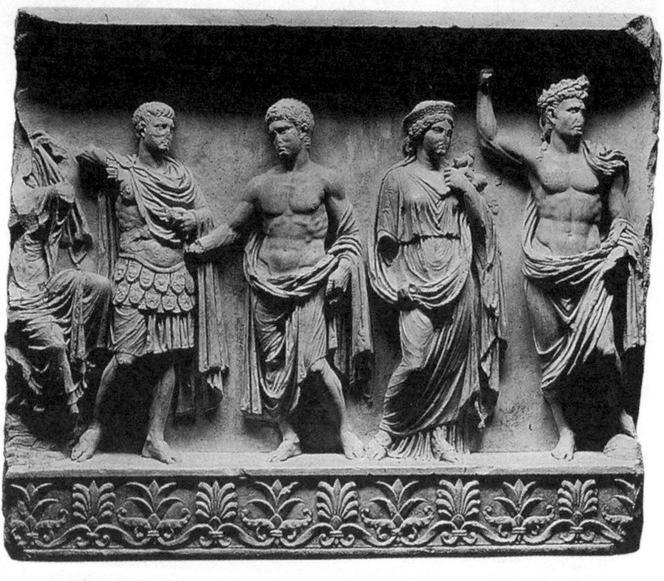

26 Friesfragment mit der Darstellung der Kaiserfamilie, um 40–50 n. Chr. Ravenna, Museo Archeologico. Das Relief imitiert eine Statuengalerie

seinen Fuß auf die Weltkugel. Neben ihm sieht man seine Gemahlin Livia als Venus in einem klassischen Bildtypus, ein kleiner Eros verdeutlicht den Hinweis auf die göttliche Ahnfrau der julischen Familie. Es folgen die Statuen eines verstorbenen Prinzen und eines Feldherrn. Auf der rechten, verlorengegangenen Seite wird man ebenfalls drei Bildnisstatuen annehmen dürfen. Solche Gruppen akkumulierten die rühmenden Aussagen der einzelnen Statuenkörper und stellten so das Kaiserhaus als eine Art von Tugendkollektiv vor.

Die Tatsache, daß sich exklusive Formen eines machtvollen Herrscherbildes, wie wir sie aus anderen Perioden der Geschichte kennen, erst seit Konstantin ausgebildet haben, liegt in der Principatsideologie begründet. Augustus hatte in seiner neuen Monarchie Ämter, Institutionen und Etikette des republikanischen Staates beibehalten. Der in Wirklichkeit über unumschränkte Macht verfügende Kaiser verstand sich dabei als erster Beamter und versuchte sich dem Senat und dem römischen Volk gegenüber entsprechend zu verhalten. Dieser «Principatsstil» legte es dem Kaiser nahe, alle Formen des Auftretens, die an Königtum und absolute Herrschaft erinnern konnten, zu vermeiden. Herrscher, die sich nicht an diese auf den Traditionen der Republik beruhende Etikette hielten, scheiterten mehrfach am Widerstand des Senats und wurden ermordet (Caligula, Nero, Domitian). Trotz dieser republikanischen Verbrämung ließen aber auch die Statuen, sieht man sie in ihrer Gesamtheit, keinen Zweifel an der wirklichen Macht der Herrscher aufkommen. Dank der Vielzahl und Größe der kaiserlichen Ehrenmonumente beherrschten diese den öffentlichen Raum vollständig. Die Fora füllten sich mehr und mehr mit ihnen, weil sich die Ehrungen bei jedem weiteren Kaiser in geradezu zwanghafter Form wiederholen mußten, so daß zum Beispiel der Platz für Versammlungen auf dem Forum Romanum immer mehr beschnitten wurde. Über die Straßen spannten sich die Ehrenbögen, auch die Fassaden der Bühnenfronten in den Theatern und der großen Brunnendenkmäler waren mit Statuen der Kaiserfamilie gefüllt. Gleichzeitig wurden die Statuen der übrigen Beamten auch in den Land- und Provinzstädten immer mehr an

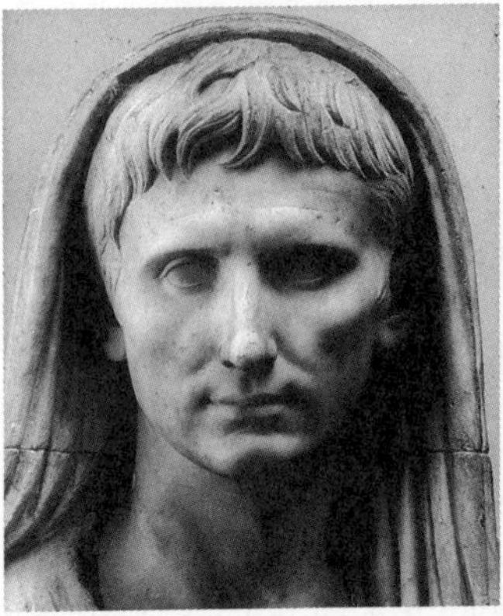

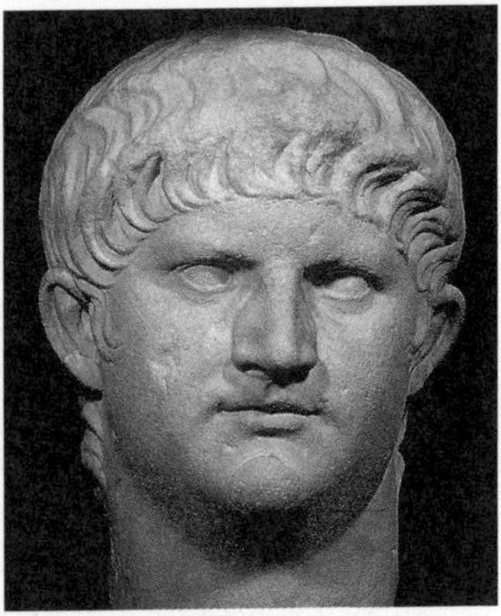

27–30 Kaiserporträts (v. l. n. r.): Augustus, Nero, Vespasian, Lucius Verus

die Ränder der Plätze oder in andere sekundäre Aufstellungsbereiche verdrängt. Die Bürgernähe des Kaiserbildes kam dagegen bei den mehr für Innenräume bestimmten Büsten sehr deutlich zum Ausdruck, konzentrierten sie doch den Blick auf die immer individuell dargestellten Gesichtszüge und damit auf eine unmittelbarere Vergegenwärtigung des Herrschers.

Leider verfügen wir praktisch über keine Nachrichten zu Herstellung und Verbreitung dieser Bildnisse. Aus den zahlreichen erhaltenen Porträts können wir aber ersehen, daß sie wenige Grundtypen mehr oder weniger getreu wiederholen und daß auch die Münzporträts diesen Typen entsprechen. Es muß also zunächst für jede dieser Typenreihen ein Urbild geschaffen worden sein, bei dessen Entstehung der Kaiser in der Regel mitgewirkt haben dürfte – und dies nicht nur der Bildnistreue wegen. Denn hier konnte er zum Ausdruck bringen, wie er selbst als Person von seinen Untertanen gesehen werden wollte. Dieses von einem Hofporträtisten angefertigte Urbild wurde dann auf Wegen, die wir nicht kennen, vermutlich vor allem mittels Abgüssen, durch die Werkstätten im ganzen Reich verbreitet. Bei der Rekonstruktion der Urbilder dieser Bildnistypen ist die Frisur mit der Anordnung der Locken nicht weniger wichtig als die Physiognomie. Denn bei den Nachbildungen der Vorlagen gin-

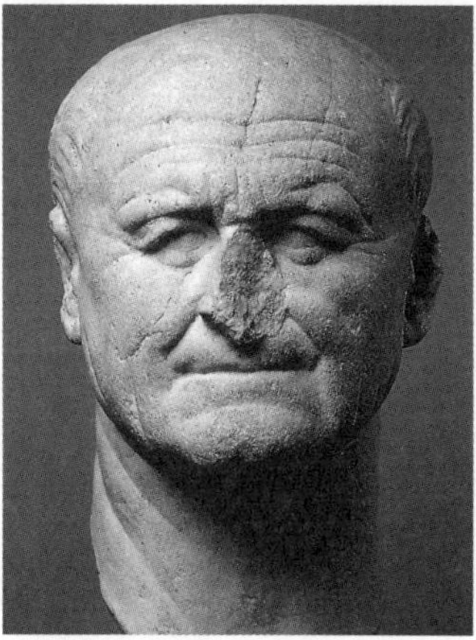

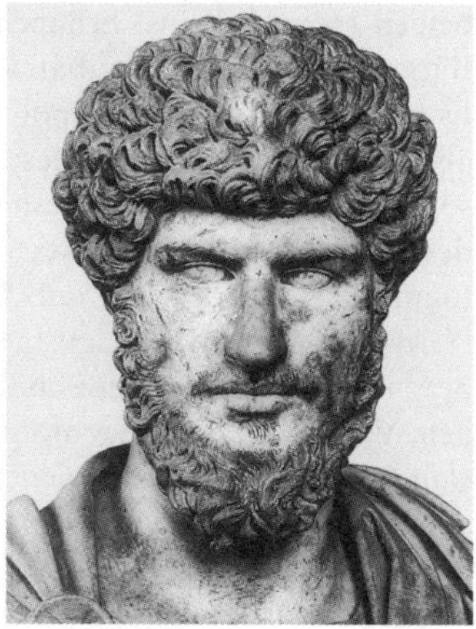

gen die einzelnen Bildhauer vor allem in den Provinzen oft ihre eigenen Wege, sei es, daß sie das Herrscherbild ihren eigenen Vorstellungen anzupassen versuchten, sei es, daß ihre technischen Möglichkeiten und formalen Traditionen einer präziseren Kopie im Wege standen. Am zuverlässigsten sind in der Regel die Frisurdetails über der Stirn gleichsam als Erkennungsmerkmal ausgeführt. In der Forschung hat die hierauf beruhende Praxis des «Lockenzählens» zum Zweck der Rekonstruktion der Urbilder gelegentlich Befremden hervorgerufen. Sie ist jedoch in doppelter Hinsicht unerläßlich. Zum einen, um eine möglichst genaue Vorstellung von dem ursprünglich intendierten Herrscherbild zu gewinnen, zum anderen, um bewußte Interpretationen als solche überhaupt erkennen zu können.

Man darf die programmatischen Möglichkeiten, die allein auf die Wiedergabe von Gesicht und Ausdruck beschränkt waren, sicher nicht überschätzen. Aber der Unterschied zwischen dem alterslos abgehobenen Idealgesicht des Augustus (Abb. 27) mit seinem an Bildwerken der griechischen Klassik orientierten Haarschnitt und der schonungslosen Wiedergabe des Alters (und der Zahnlosigkeit) bei Vespasian (69–79 n. Chr.), dessen Gesicht jedoch gleichzeitig nur so von Energie strotzt (Abb. 29), sagt doch viel über das unterschiedliche Selbstverständnis der beiden Herrscher aus: Erhabenheit und Distanz auf der einen, Bürgernähe und unmittelbares Zupacken auf der andern Seite. Es geht dabei weniger um politisch-programmatische Aussagen als um Stil und Habitus. Diese können, müssen aber keine persönliche Prägung zeigen. Deshalb kann man ein Bildnis wie das des eleganten Lucius Verus (161–169 n. Chr., Abb. 30) der seine toupierten Haarlocken mit Goldstaub bestreut haben soll (Scriptores Historiae Augustae, Verus 10), auch als besonders prägnanten Ausdruck eines bestimmten Zeitgeschmacks verstehen. Während es den Nachfolgern des Augustus aus der julisch-claudischen Familie und wieder unter den Antoninen vor allem auf die Versicherung von Kontinuität und familiärer Zugehörigkeit angekommen zu sein scheint, wollten Nero (54–68 n. Chr.) und Caracalla (211–217 n. Chr.) sich bewußt von ihren Vorgängern unterscheiden. Nero ging es mit seiner kunstvollen Frisur offenbar um Eleganz der Erscheinung, was für uns angesichts seines verfetteten Gesichtes schwer nachzuvollziehen ist (Abb. 28). Für die Zeitgenossen jedoch rief offenbar auch die körperliche Massigkeit positive Assoziationen hervor, ließ sie an jene Üppigkeit und Fülle (*tryphe*) denken, mit der bereits die Ptolemäer so intensiv für sich geworben hatten. Ganz anders der wilde Ausdruck von herrscherlicher Tatkraft und Energie, vielleicht auch Furcht einflößender Gewalt in den späten Bildnissen des Kaisers Caracalla. Wir werden später sehen, wie sehr die Selbstdarstellung der Kaiser und ihrer Familien Habitus und Moden im ganzen Reich beeinflußte.

Der Barbar als Gegenspieler des Kaisers und die Bilder der Gewalt in der Arena

Im Sieg über die Barbaren liegt die eigentliche Herrschaftslegitimation der Kaiser, denn Friede und Wohlstand hingen von sicheren Grenzen ab, die vom Kaiser und seinen Heeren garantiert wurden. Deshalb wurde die Panzerstatue mehr und mehr zur wichtigsten Darstellungsform der Kaiser. Daß die tatsächlichen Probleme (etwa die Sicherheit der Verkehrswege und die Ursachen der Kriege) nicht selten innenpolitischer Art waren, verschweigt die Kaiserkunst natürlich. Die Panzerstatuen sind oft zusätzlich mit Reliefs auf dem metallen gedachten Panzer versehen. Auf der berühmten Statue aus der Villa der Livia in Prima Porta sieht man zum Beispiel die Rückgabe der verlorenen römischen Feldzeichen durch den Partherkönig und seine Akzeptanz der römischen Vorherrschaft im Osten des Imperiums dargestellt. Die Barbaren sind die eigentlichen Gegenspieler des Kaisers, an ihnen hat sich seine Sieghaftigkeit stets aufs neue zu bewähren. Der Barbar verkörpert das Bedrohliche und Fremde, das Unkultivierte, das nicht nur überwunden, sondern letztlich ausgerottet werden muß. So beschreiben es jedenfalls die Bilder als Ausdruck der römischen Herrschaftsideologie. Eine für Hadrian (117–138 n. Chr.) errichtete Statue aus Hierapytna auf Kreta (Abb. 24) feiert die Barbarenunterwerfung sogar in handgreiflicher Direktheit, indem der Kaiser seinen Fuß auf einen zur schutzlosen Kreatur erniedrigten Feind setzt. In den Bildstereotypen der Barbaren werden alle negativen Eigenschaften in wenigen Schemata zusammengefaßt. Im Gegensatz zur griechischen Kunst der klassischen Zeit stellt man in der Kaiserkunst keine wirklichen Kampfszenen dar. Die Barbaren sind immer schon überwunden, ergreifen die Flucht oder flehen

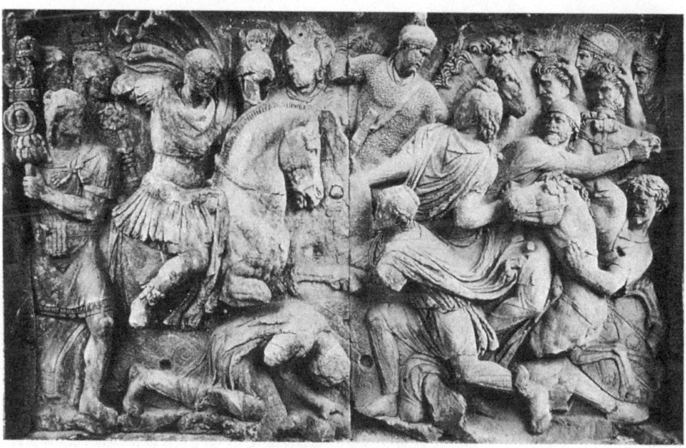

31 Traian vernichtet ein Barbarenheer. Rom, Konstantinsbogen

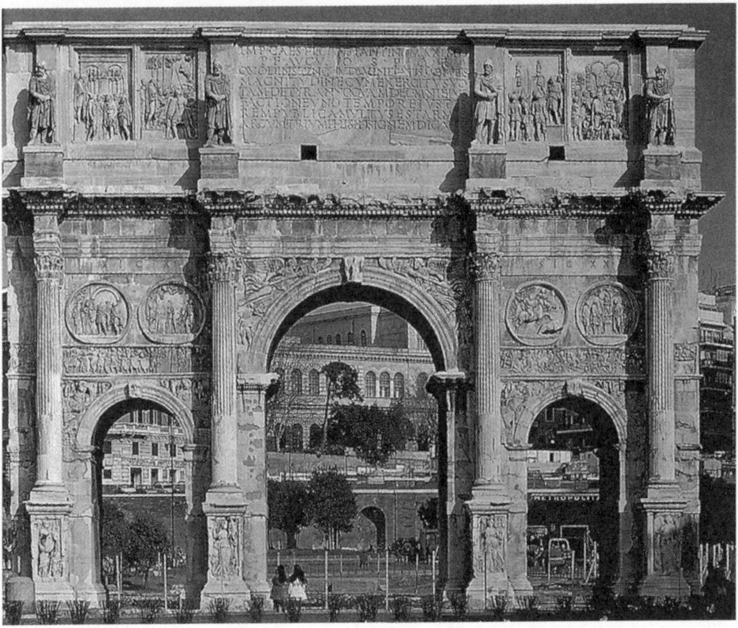

32 Rom, Konstantinsbogen, nach 312 n. Chr.

um Gnade (Abb. 31). Die Römer reiten über sie hinweg oder machen sie wie Tiere nieder. In manchen Szenen der Marcussäule erscheinen sie als Inbegriff des Bösen, das vernichtet werden muß. Auf das Unterjochen folgt die Versklavung. Es findet sich fast kein Ehrenbogen ohne gefesselte und dienstbar gemachte Barbaren. Auf dem Konstantinsbogen (Abb. 32) stehen die wiederverwendeten Daker traianischer Zeit mit überkreuzten Armen als willenlos ergebene Dienstmänner der Sieger und Zeugen der Unbesiegbarkeit der Kaiser.

Diesen ideologischen Bildstereotypen entsprach das wirkliche Verhältnis der Römer zu den Völkern jenseits der Grenzen des Imperiums natürlich in keiner Weise. Denn die meiste Zeit trieben die römischen Kaufleute ja Handel bis weit ins Barbaricum hinein, ehemalige Barbaren konnten sich in den Provinzen ansiedeln, und selbst wenn sie als Kriegsgefangene in die Sklaverei verkauft worden waren, konnten sie später freigelassen werden und sich dann unter günstigen Umständen in relativ kurzer Zeit sogar zu freien Bürgern emporarbeiten. Auch in der römischen Armee dienten die Fremdvölker als Hilfstruppen. Auf der Traianssäule wird eigens betont, daß sie nicht weniger effektiv zu kämpfen und sich in die Schlachtreihen einzufügen verstanden als die römischen Soldaten. Der Barbar im Bild ist reines Konstrukt, das seine Gültigkeit in dem Augenblick verliert, in dem der Barbar ins Reich eingegliedert wird. Aber die Gesellschaft des Kaiserreiches brauchte offenbar eine eindeutige Feindbildstereotype. Dem Barbaren im Bild entsprach der Barbar im Kopf, was dann sogar zum Bau befestigter Grenzwälle führte, die, wie man neuerdings sieht, nicht nur fortifikatorische, sondern mehr noch symbolische Funktionen hatten, indem sie die Grenze zwischen Imperium Romanum und Barbaricum, zwischen drinnen und draußen, zwischen Kultur und Wildnis markieren sollten. Das Phänomen gewinnt in unseren Tagen neues Interesse, erleben wir doch unmittelbar das Entstehen neuer Feindbildstereotypen mit. Das Bild des Barbaren ist ein gutes Beispiel dafür, wie die Bilder der Staatskunst für umfassende Zusammenhänge stehen, wie sie nicht nur die Vorstellung vom Kaiser und vom Feind definierten, sondern diese auch in eine übergreifende Ordnung einzugliedern versuchten.

In diesem Zusammenhang müßten wir uns eingehend mit den Amphitheatern, wie man sie in allen größeren Römerstädten findet, beschäftigen. Denn dies waren Orte, an denen Kampf, Gewalt und Vernichtung tagelang in eindrucksvollen Bildern vorgeführt wurden. Als Zuschauer saß ein städtisches Publikum auf den Rängen, das Kriege nur noch vom Hörensagen kannte. Bei den Gladiatorenkämpfen und Tierhetzen haben wir es mit Formen institutionalisierter Gewalt zu tun, die der Entladung von Aggressionen und Spannungen in der Gesellschaft dienten. Die Vorführung der Gewalt feierte auf der einen Seite den Mut und die Tapferkeit der Gladiatoren, die auf Leben und Tod kämpften. Nicht selten handelte es sich dabei um kriegsgefangene Barbaren. Auf der anderen Seite aber konnte man viele der

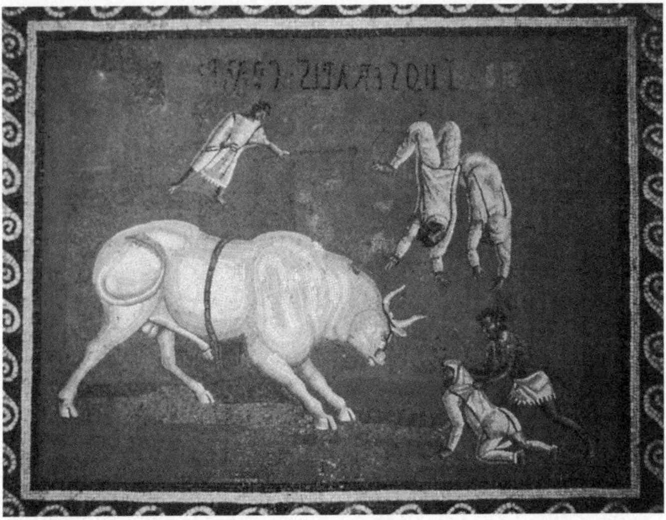

33 Hinrichtungen in der Arena. Mosaik aus einer römischen Villa bei Silin (Libyen)

Darbietungen in der Arena, durchaus vergleichbar den kaiserlichen Siegen, auch als Bilder der Wiederherstellung der Ordnung erleben. Dies gilt natürlich vor allem für die Hinrichtungen derer, die teilweise direkt in die Spiele integriert waren (Abb. 33). Aber auch der Kampf gegen gefährliche Tiere konnte wie der Kampf gegen die Barbaren als Kampf gegen Wildnis und Bedrohung verstanden werden. Es gab Aufführungen, bei denen die Arena sogar durch Bäume und Kulissen in eine regelrechte Wildnis verwandelt wurde.

Das System der Kaiserkunst

Der systematische Charakter der Kaiserkunst wird besonders deutlich auf dem Grand Camée de France (Farbtaf. 1). Dieses einzigartige Werk subtiler Steinschneidekunst (Höhe 25,5 cm) aus der späteren Zeit des Kaisers Tiberius (14–37 n. Chr.) hat als kostbares und seltenes Kleinod die Zeiten in Kirchen- und Fürstenschätzen überdauert. Die in drei Ebenen geradezu didaktisch angeordnete Komposition ist geschickt der Form des Steines angepaßt. Tiberius sitzt als Herrscher im Zentrum neben seiner Mutter Livia. Der Kaiser erscheint im klassischen Körperschema des Zeus/Jupiter. Wie bei den Götter- und Heroenkörpern der Ehrenstatuen handelt es sich auch hier um einen vermutlich zuerst von Hofdichtern nach hellenistischem Vorbild verbreiteten panegyrischen Vergleich, der zum Ausdruck bringen wollte, daß der Kaiser im Auftrag der Götter regiert. Unter den beiden Thronenden sieht man die wie Giganten unter der Erde eingepferchten Barbaren mit ihren Frauen und Kindern (vermutlich sind Germanen gemeint). Die Sicherheit des Reiches wird, wie wir bereits gesehen haben, nur durch die ständige Bereitschaft zum Krieg garantiert. Deshalb stehen zwei Prinzen (vermutlich die beiden ältesten Söhne des Germanicus) bewaffnet vor beziehungsweise neben dem Herrscherpaar, und von links eilt der spätere Kaiser Caligula (36–41 n. Chr.) als dritter im Bunde gleichsam als Ersatzmann herbei. Im oberen Drittel des Bildfeldes aber fährt der vergöttlichte Augustus, getragen von einem Genius, zum Himmel auf. Er wird flankiert von zwei verstorbenen Prinzen. Einem von ihnen dient sein Schild als allegorisches Vehikel, dem anderen das Flügelpferd Pegasus. In beiden Fällen wird vermutlich auf die besonderen Verdienste der beiden Prinzen hingewiesen.

Die Apotheose stellt die höchste Form der Herrscherehrung dar und versinnbildlicht gleichzeitig in bildhafter Form die Verbindung zwischen Sterblichen und Unsterblichen. Nachdem das Kaiserritual schon im Laufe der ersten beiden Generationen seine dauerhafte Form gefunden hatte, konnten die Bürger erwarten, daß jeder Kaiser, der nicht gescheitert und damit der *damnatio memoriae* verfallen war, nach seinem Tode in einem feierlichen Ritual zum Staatsgott erhoben werden würde. Die Apotheose war mit der Einrichtung eines eigenen Kultus, mit Priestern, sich jährlich wiederholenden Festtagen mit Spielen, mit einem Altar, oft auch mit einem Tempel verbunden. Der in Rom bei jedem Auftritt von den Monumenten seiner vergöttlichten Vorgänger umgebene Kaiser war deshalb in diesen immer wieder gezeigten *lebenden Bildern* schon zu Lebzeiten von einer übermenschlichen Aura umgeben, so bürgerlich er sich auch in seinem Habitus geben mochte.

Was der Camée de France nicht zeigt, sind die Friedenstaten der Kaiser, ihr Wirken im Innern, das Wohlstand und Zufriedenheit verbreiten sollte. Auf der Ara Pacis, dem vom Senat zur Feier der glücklichen Rückkehr des Augustus aus den Provinzen in den Jahren 13–9 v. Chr. errichteten Friedensaltar, werden die Segnungen der Herrschaft in einem zu Recht berühmten, poetisch-bukolischen Bild gefeiert (Abb. 34). In der Mitte des Reliefs sitzt eine schöne junge Mutter mit zwei kleinen Kindern auf einer Art von Felsenthron. Hinter ihr sprießen in suggestiver Vereinzelung Ähren und Mohn auf, unter ihr fließen Quellen, zu ihren Füßen lagert das Vieh, neben ihr sieht man zwei Verkörperungen der günstigen Winde. Alles in diesem Bild spricht von Fruchtbarkeit und Fülle. Gleich wie man die Frau benennen will, Italia, Tellus oder Pax, gemeint ist der dank der Pax Augusta zum Paradies gewordene Zustand der Welt. Es ist ein Bild des Goldenen Zeitalters, der *aurea aetas*, wie sie von den Dichtern besungen und von Augustus selbst im erneuerten Saecularfest in

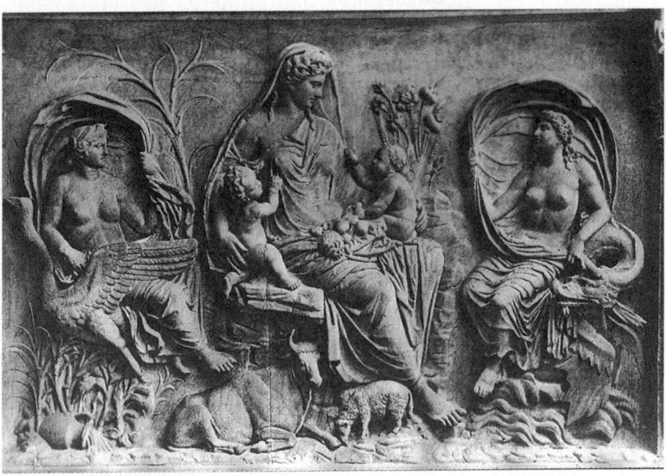

34 Die Segnungen des augusteischen Friedens. Rom, Ara Pacis Augustae

feierlichem Ritual eröffnet worden war. Ganz entsprechend der oben beschriebenen Systematik war gegenüber dem Friedensbild an der Umfassungswand des Altars die auf einem Waffenhügel sitzende, streitbare Roma dargestellt: Der Friede und die Wohlfahrt aller beruhen auf der Sicherheit des Reiches, das heißt auf der Sieghaftigkeit des Kaisers.

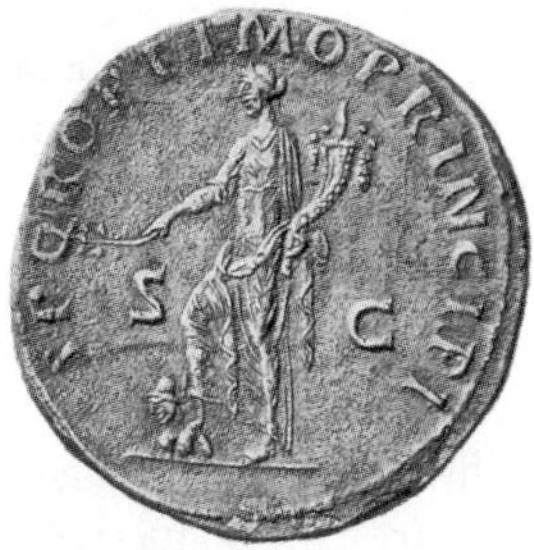

35 Unter Vespasian (69–79 n. Chr.) geprägter Denar mit Darstellung der Friedensgöttin Pax

Für dieselbe Botschaft wurden in anderen Bildmedien einfacher ablesbare, aber nicht weniger eingängige Bilder geschaffen. Man sieht zum Beispiel neben den waffentragenden Victorien auch solche mit Füllhörnern. Auf einer Münze schlüpft die Personifikation des Friedens gar in die Rolle des Kaisers und setzt wie dieser ihren Fuß auf einen unterworfenen Barbaren (Abb. 35). Daß Sieg und Frieden allen Römern, auch den Bedürftigen, zu einem besseren Leben verhelfen, veranschaulichen Bilder der Geldspenden und Spiele. Sie sind ein konkretes Beispiel kaiserlicher Fürsorge. Man findet sie auf großen Reliefs ebenso wie in der kaiserlichen Münzprägung. Auf einem ursprünglich für einen Bogen des Marc Aurel (161–180 n. Chr.) gearbeiteten Relief (Abb. 36) sitzt der Kaiser vor einer mit Girlanden geschmückten Säulenhalle auf einem hohen Podium. Er ist von hohen Würdenträgern umgeben, aber er selbst verteilt mit Hilfe eines Dieners seine Geldgeschenke an die sich herandrängenden Bezugsberechtigten, die mit ihren Kindern erschienen sind und so auch auf die Sorge der Kaiser um den römischen Nachwuchs verweisen. Der Kaiser bedient sich eines einfachen Klappstuhls, wie er für Beamte üblich war, und bewährt sich in der Rolle des vorbildlichen Beamten. Kein Zweifel, daß die Römer ihre Herrscher in der Stadt immer wieder als agierende Beamte erleben konnten, nicht nur bei außerordentlichen Anlässen, sondern auch bei Routinegeschäften wie der Rechtsprechung, der Geldverteilung und den vielen regelmäßigen Opfern an den Götterfesten.

Kaiserkunst und Ritual. Die sogenannten historischen Reliefs

Das Relief (Abb. 36), das die Freigebigkeit (*liberalitas*) des Kaisers zeigt, wurde später mit sieben anderen gleichartigen Tafeln an der Attika des Konstantinbogens wiederverwendet, drei weitere Reliefs des Bogens für Marc Aurel sind weitgehend unversehrt im Treppenaufgang des Konservatorenpalastes auf dem Capitol eingemauert. Die Bilder erzählen von einem der Feldzüge gegen die germanischen Markomannen. Man sieht, wie der Kaiser von Rom zum Krieg aufbricht (*profectio*), wie er vor dem Kampf opfert und die Truppen ermutigt, wie er mit den Barbaren je nach ihrem Verhalten umgeht, zum Beispiel einen Vasallenkönig einsetzt, endlich wie er nach dem Sieg in feierlicher Prozession nach Rom eingeholt wird (*adventus*), und wie er den Triumph feiert, bei dem er das Dankopfer vor dem Jupitertempel auf dem Capitol darbringt und zum Schluß das Volk durch Spiele und Geldspenden am Sieg teilnehmen läßt. Auf dem Triumphrelief fährt Marc Aurel an einem Tempel vorbei auf die mutmaßliche Porta Triumphalis zu (Abb. 37). Er steht im Triumphwagen, und eine Victoria legt ihm den Siegeskranz auf den Kopf. Direkt vor ihm war ursprünglich sein Sohn Commodus als Knabe dargestellt. Als nach dessen Sturz sein Körper zum Zeichen der *damnatio memoriae* herausgemeißelt wurde, entstand die leere Stelle im Bildfeld vor dem Kaiser.

Wir haben es bei diesem Monument für Marc Aurel mit einfach komponierten und – dank einer beschränkten Anzahl von Figuren – leicht ablesbaren Bildern, geradezu mit schlagwortartigen Bildplakaten zu tun. Die Reliefs können als Musterbeispiele einer typisch römischen Bildgattung gelten, die mit dem Begriff «historische Reliefs» unzureichend, ja irreführend charakterisiert wird. Denn die Abfolge der Ereignisse und die Art ihrer Präsentation haben einen hochgradig genormten Charakter. Der wird weniger als Folge einmaliger Ereignisse denn als eine Sequenz von festgelegten Ritualen erzählt. Jeder Krieg des Kaisers gegen die Barbaren soll sich in der Kaiserkunst wie in der Wahrnehmung der Bürger in dieser rituellen Abfolge abspie-

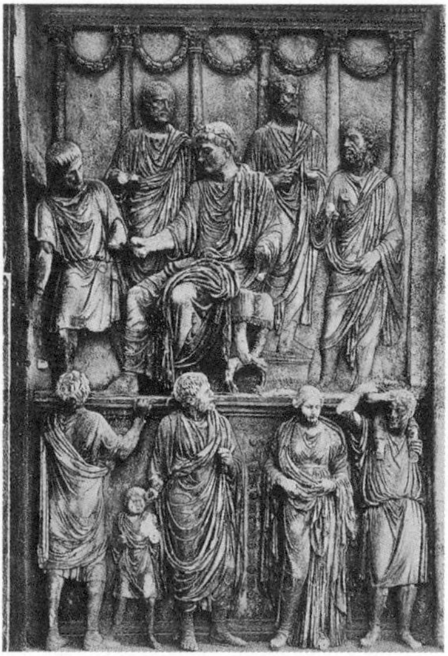

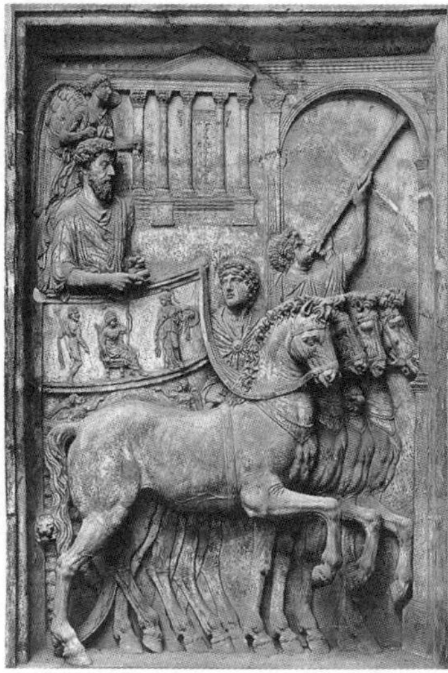

36, 37 Zwei ursprünglich an einem Bogen Marc Aurels (161–180 n. Chr.) angebrachte Reliefs; links: Verteilung einer Geldspende, rechts: Triumphzug. Rom, Konstantinsbogen und Konservatorenpalast

len. Das einzelne Ereignis wird dabei in eine gleichsam ewige, von den Göttern zugesagte Ordnung eingebunden, die Sicherheit und Dauer garantiert: Jeder künftige Barbarenfeldzug wird mit den religiösen Zeremonien der *profectio* in Rom beginnen und mit der feierlichen Einholung des zurückkehrenden Kaisers, seinem Triumph und den abschließenden Spielen und Geldspenden enden.

An dieser Stelle müßte nun eine eingehende Darstellung der großen Staatsrituale folgen, wie sie sich in Rom tatsächlich bei jedem größeren Feldzug, aber auch bei anderen hohen Götter- und Kaiserfesten abspielten. Denn eine Geschichte der Bilder darf sich nicht auf die Kunstbilder beschränken, sondern muß vielmehr die ephemeren lebenden Bilder mit einbeziehen, die sich viel tiefer in das Gedächtnis der Teilnehmenden eingeprägt haben dürften als die Reliefs, die von ihnen erzählten. Große Kaiserfeste wie ein Triumph oder eine Apotheose waren mit einzigartigen Schaustellungen verbunden. Im Triumph konnte man die gefangenen Barbaren, ihre dem Tod geweihten Fürsten und deren Schätze bestaunen, aber auch die großen Schautafeln, auf denen die herausragenden Ereignisse des Feldzuges erzählt wurden. Bei der Kaiserapotheose begleitete eine endlose Prozession, an der die Spitzen des Staates und Vertreter aller Städte und Stände teilnahmen, den toten Kaiser vom Palast auf dem Palatin auf das Marsfeld. Sie zog über das Forum, durch den Circus Maximus und durch die Theater und Heiligtümer auf dem Marsfeld, um endlich an dem Platz anzulangen, auf dem ein Scheiterhaufen von enormer Höhe in Gestalt einer kunstvollen Holzarchitektur errichtet war, auf dem dann die Leiche des Kaisers beziehungsweise eine ihm nachgebildete Puppe in Brand gesetzt wurde. Aus den Flammen erhob sich ein Adler, der die Seele des neuen Gottes zum Himmel trug. Das Relief vom Sockel der Säule des Antoninus Pius (138–161 n. Chr.) mit der Apotheose des Kaiserpaares beschränkt sich auf die Darstellung der eigentlichen Himmelfahrt (Abb. 38). Ein junger Mann wird durch den Obelisken des Augustus, den er umfaßt, als Perso-

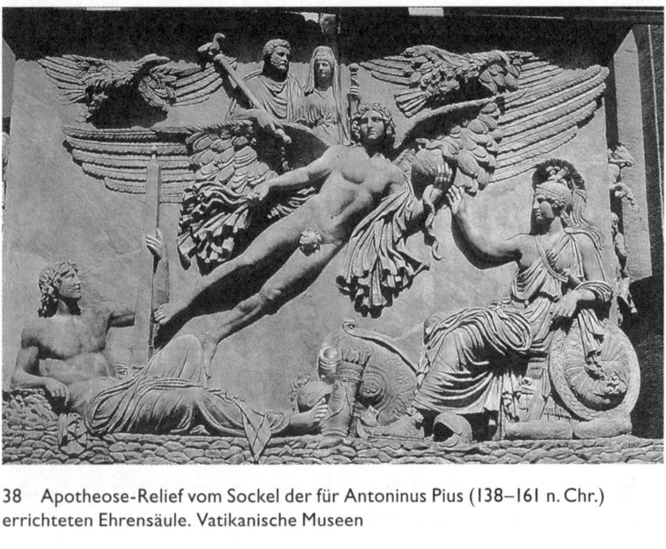

38 Apotheose-Relief vom Sockel der für Antoninus Pius (138–161 n. Chr.) errichteten Ehrensäule. Vatikanische Museen

nifikation des Marsfeldes charakterisiert. Ihm gegenüber sitzt Roma auf den von den Feinden erbeuteten Waffen und grüßt das vergöttlichte Paar. An diesem Beispiel wird die eigentliche Funktion der «historischen Reliefs» besonders deutlich: Sie sollen an die denkwürdigen Ereignisse des Kaiserrituals und deren Bedeutung erinnern und die Erlebnisse vor den Augen der Betrachter wiederaufleben lassen, nicht aber Einzelheiten der historischen Realität getreu berichten.

Nicht sehr viel anders verhält es sich mit den endlos erscheinenden Reliefbändern mit ihren hunderten von Figuren, die die Ehrensäulen der Kaiser Traian (98–117 n. Chr.) und Marc Aurel umwinden. Hier wird zwar detailliert und mit vielen Einzelheiten von den Kriegszügen erzählt, aber selbst für diese scheinbar historisch getreuen Bildfolgen (Abb. 39) konnte neuerdings nachgewiesen werden, daß sie die Feldzüge entsprechend bestimmten, sich wiederholenden Ritualen gliedern, keineswegs aber als aktuelle «Kriegsberichterstattung» zu verstehen sind. Ansprache, Opfer, günstiges Omen, Vorführung Gefangener, Begnadigung (*clementia*) für die freiwillig sich Unterwerfenden, Kriegsrat, Überwältigung der Gegner und so weiter: Die Szenen lassen sich über weite Teile wie Anleitungen und Verhaltensregeln für den perfekten Feldherrn lesen. Auch hier durchdringt die rituelle Ordnung die Darstellung der Ereignisse bis in die Einzelheiten hinein. Dem Betrachter wird der Feldzug als ein perfekt geplantes, jederzeit kontrolliertes Ereignis geschildert. Auch hier vermitteln die Bilder werthaltige Aussagen, vor allem das Vertrauen auf absolute Überlegenheit, Sicherheit und Ordnung. Kein Römer fällt, so gefährlich die Barbaren auch aus ihren Wäldern hervorbrechen. Freilich konnten die Bildfriese der Kaisersäulen, zumindest die der oberen Säulenwindungen, zu ihrer Zeit ebensowenig in ihren Einzelheiten abgelesen werden wie heute. Die Reliefs sind jedoch nicht als einzelne Mitteilungen, sondern als ein ausführliches Register zu verstehen, in dem der Senat die unvergänglichen Leistungen des Kaisers und seiner Armee gleichsam für die Ewigkeit festhält, als eine Art rühmender Umsetzung und Beglaubigung der offiziellen Feldzugsberichte an den Senat, die im Staatsarchiv lagen. Dem

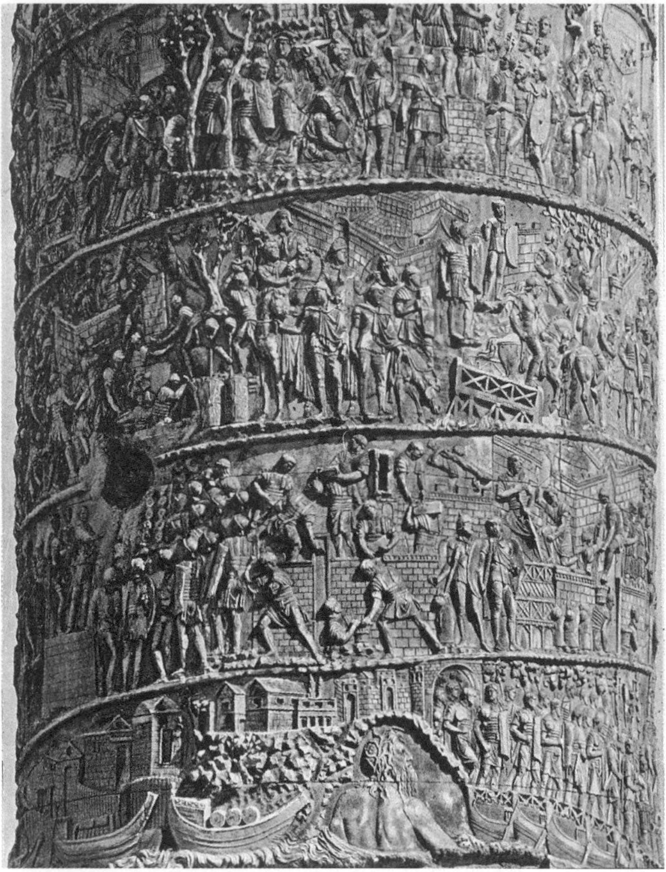

39 Rom, Traianssäule

vor der Säule stehenden Betrachter mochte es – ähnlich wie beim Blick auf die griechischen Tempelfriese – genügen, daß alle diese unzähligen Bilder vorhanden waren, zumal Genauigkeit und Qualität an dem sichtbaren Teil der Säule ja durchaus auch im Detail zu erkennen waren. Die Funktion des Kaiserlobes ergab sich ihm dabei von selbst. Im Falle der Traianssäule um so

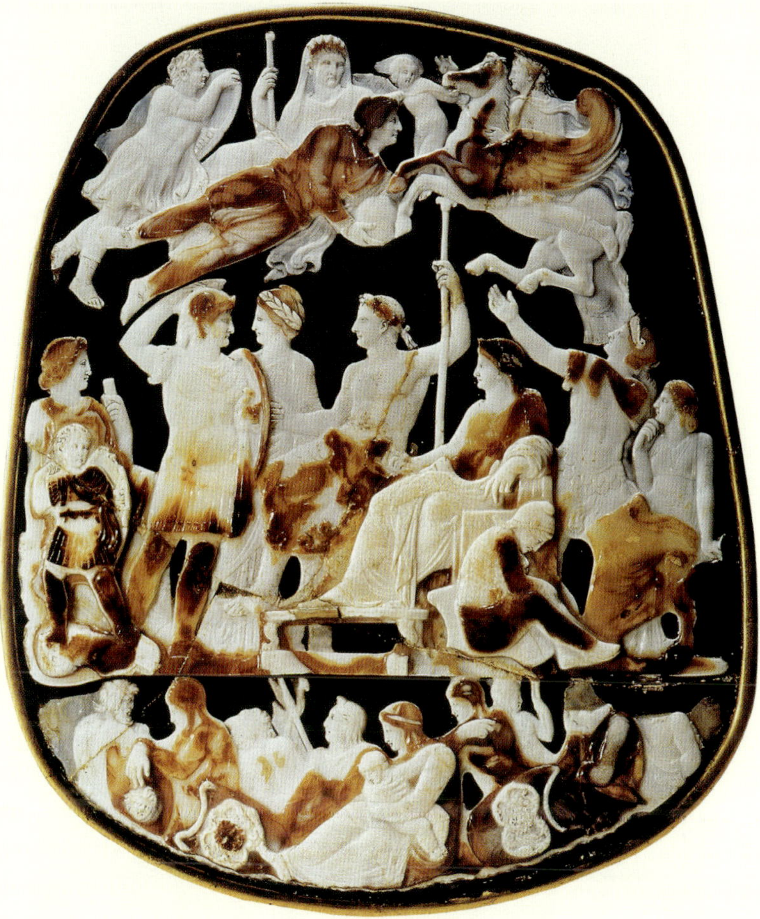

Farbtaf. I Grand Camée de France, aus der Zeit des Tiberius (14–37 n. Chr.). Paris, Bibliothèque nationale, Cabinet des médailles

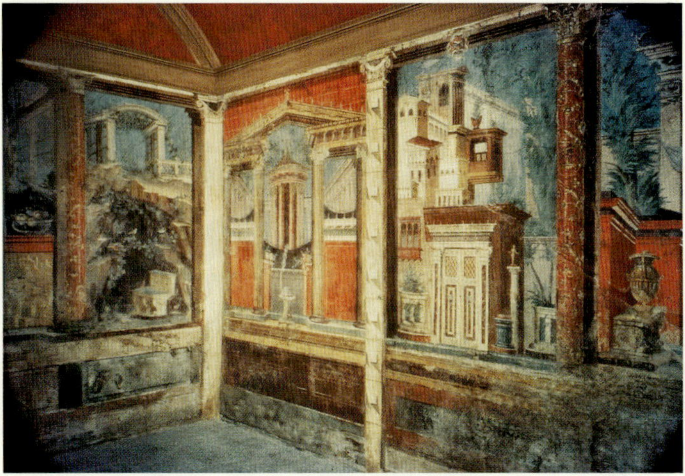

Farbtaf. 2a Ruheraum in einer Villa bei Boscoreale, 1. Jh. v. Chr.
New York, Metropolitan Museum

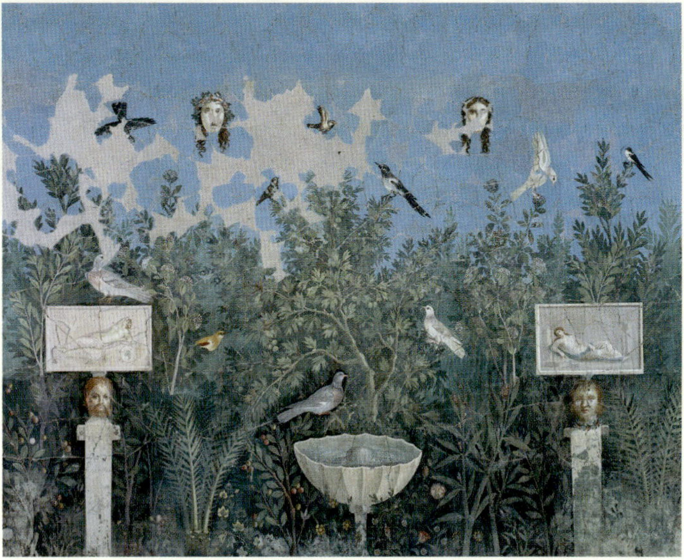

Farbtaf. 2b Pompeji, Casa del Bracciale d'Oro, Villengarten mit Brunnen, Hermen und Weihreliefs, 1. Hälfte des 1. Jhs. n. Chr.

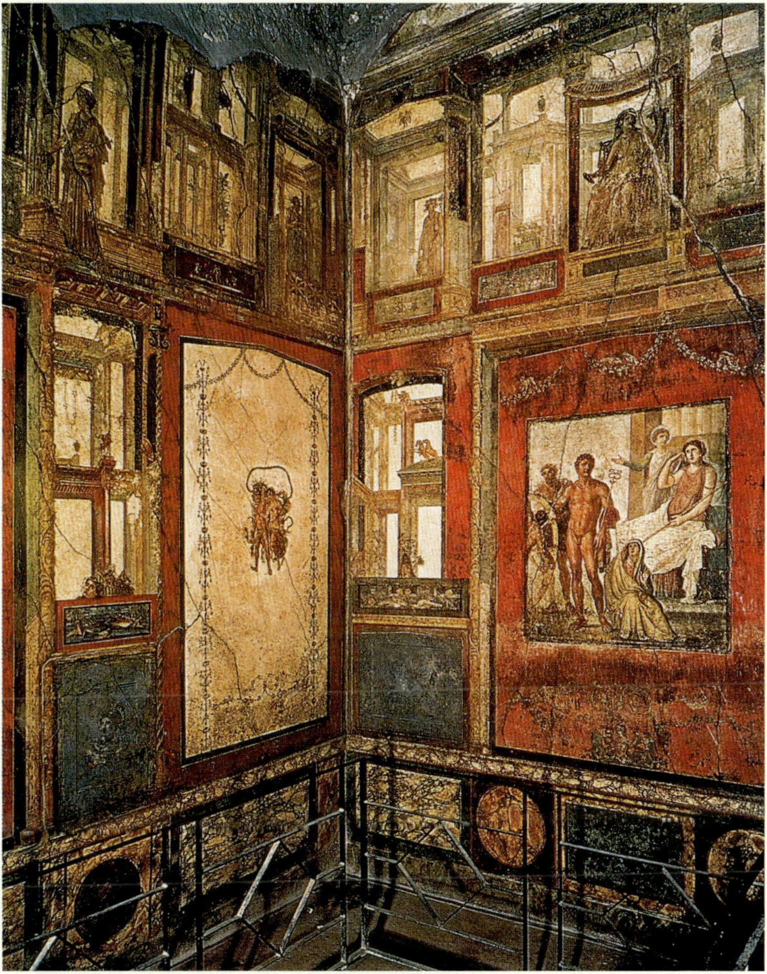

Farbtaf. 3 Pompeji, Casa dei Vettii, Ruheraum am großen Peristyl-Garten, um 65 n. Chr.

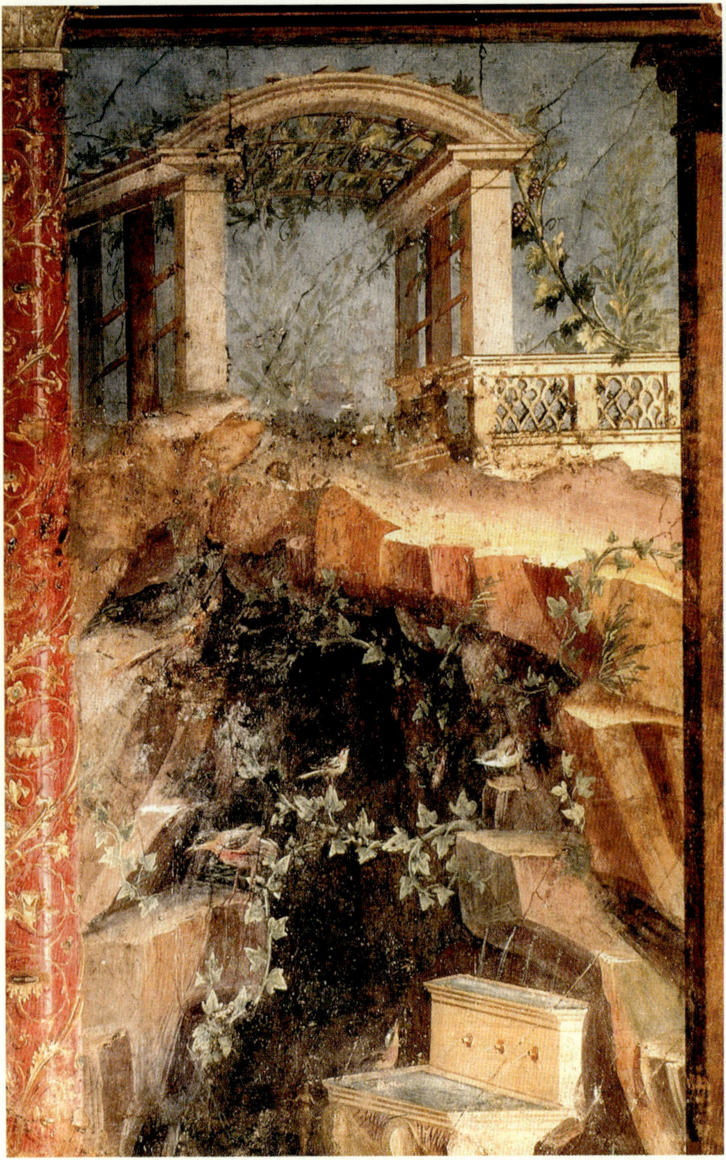

Farbtaf. 4 Detail der Wandmalerei aus der Villa bei Boscoreale (Farbtaf. 2a)

mehr, als er wußte, daß die Asche des vergöttlichten Kaisers im waffengeschmückten Sockel der Säule geborgen war.

Aufs Ganze gesehen rühmen die «historischen Reliefs» fast ausschließlich die Taten und Tugenden der Kaiser; man kann deshalb mit Fug und Recht von einer Kaiserkunst sprechen. Am häufigsten ging es um Kriege gegen die Barbaren, aber auch «innenpolitische» Themen spielten eine beträchtliche Rolle. So hat zum Beispiel der fast ganz erhaltene Ehrenbogen in Benevent die Tätigkeit Traians in Italien und in den Provinzen zum Gegenstand. Die Ehrenbögen wurden ähnlich wie andere Kaisermonumente (etwa die Prachtaltäre wie die Ara Pacis, die Ehrensäulen, die Sockel von Kolossalstatuen) unabhängig von ihrer eigentlichen Funktion wie Litfaßsäulen als Bildträger benutzt. Und nicht jeder erinnert sich heute, wenn er die Bogenmonumente sieht, daß ihre eigentliche Funktion darin bestand, den Triumphgespannen und Statuen der Geehrten als Sockel zu dienen und sie so «über die Sterblichen hinauszuheben», wie Plinius d. Ä. schreibt. Erhalten geblieben ist also immer nur ein Teil des ursprünglichen Monumentes. Kein Römer wird die Reliefs wie ein Archäologe im einzelnen angesehen und nach ihrer «Botschaft» befragt haben. Die mehr oder weniger zufälligen Blicke der Betrachter trafen auf das eine oder andere Bild, dabei ordneten sich die Aussagen für den Zeitgenossen von selbst in den Zusammenhang der Kaiserideologie ein. Denn diese war ja einfach und lag dem ganzen System der Staatskunst zugrunde. Dank ihrer Redundanz ergänzten sich die Bilder der unterschiedlichsten Monumente wechselseitig. Man muß dabei bedenken, daß der gesamte öffentliche Raum von Monumenten der Kaiserverehrung besetzt war. Nicht nur die Fora waren mit Kaiserstatuen von oft kolossalen Ausmaßen angefüllt, über den Straßenkreuzungen erhoben sich die Ehrenbögen und skandierten die Distanzen zwischen den einzelnen Stadtvierteln, wie man in Leptis Magna heute noch sehen kann. In Rom selbst kam hinzu, daß die Bilder ständig auf die Orte der Rituale, auf Tempel, Altäre und Gegenstände verwiesen, die dem Betrachter vertraut waren, und daß die Bildträger selbst zum Teil in die Rituale einbezogen waren.

Staatskunst als «Propaganda»? Wie funktionierten die Bilder?

Wenigstens in groben Zügen sollten wir uns vergegenwärtigen, wie die Kommunikation durch das Medium Bild im öffentlichen Raum funktionierte, wie Monumente und Bilder der Kaiserkunst entstanden sind und welche politischen und sozialen Bedingungen das Kaiserlob zu einem zentralen Element der Politik werden ließen. Man kann die der Bilderordnung zugrundeliegende Ideologie als einen ständigen Austausch von Gaben und Gegengaben verstehen. Der Princeps erbringt alle seine Leistungen «fürs Volk», und dieses antwortet zusammen mit dem Senat mit Dankesbezeugungen in Form von Ehrungen. Diese konnten in unterschiedlichster Weise zum Ausdruck gebracht werden, durch Tempel und Altäre für den Kaiserkult, durch Ehrenbögen, durch die Ehrenstatuen, die Ehrendekrete oder durch die Bilder auf den Münzprägungen. Diese Ehrungen antworten auf die Siege des Kaisers, auf seine Bauten fürs Volk, auf seine Spiele und Geldspenden und alles andere, was er als Princeps leistete. Aber auch die erfreulichen und traurigen Ereignisse im Kaiserhaus, Herrschaftsantritt, Hochzeiten, Prinzengeburten oder Todesfälle gaben Anlaß zu Ehrungen. Immer war es ein aktueller Anlaß, der den Anstoß zu einem entsprechenden Ehrenbeschluß gab. Umfang und Auswahl hingen natürlich von den unterschiedlichen Möglichkeiten der Stifter ab. Eine kleine Stadt konnte sich weniger leisten als der römische Senat, ganz zu schweigen vom einzelnen Bürger aus der Mittelschicht, der aber immerhin zum Beispiel in seinem Stadtviertel einen kleinen Altar zu Ehren der Laren und des kaiserlichen Genius mitfinanzieren oder sich als Kultdiener zur Verfügung stellen konnte (Abb. 40).

Die auf diesen Monumenten der Dankbarkeit verwandten Bilder und Symbole der Kaiserkunst waren schon unter Augustus in relativ kurzer Zeit entstanden. Einerseits konnte man dank des Selbstverständnisses des Augustus als Princeps die republikanischen Bildschemata übernehmen, andererseits bot der Bildschmuck der vielen neuen, von Augustus selbst und von seinen

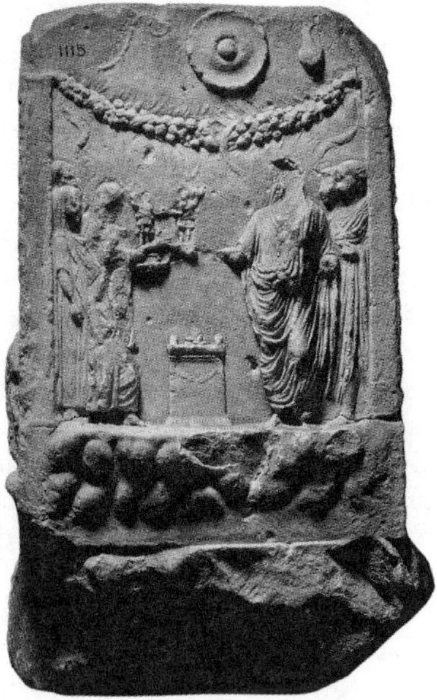

40 Larenaltar, Augustuszeit. Vatikanische Museen. Opferdiener halten die Statuetten der Laren, denen zusammen mit dem Genius des Kaisers das Opfer gilt, das ein *magister* des Stadtteil-Kultes vollzieht

Parteigängern finanzierten Bauten und Monumente vielfältige Anregungen für die Thematik des Kaiserlobes. Beim Zustandekommen der neuen politisch-religiösen Bilder scheinen auch die Dichter aus dem Kreis des Maecenas eine wichtige Rolle gespielt zu haben. Die damals entstandene Systematik der Bilder des Herrscherlobes wurde von späteren Kaisern zwar erweitert oder andersartig akzentuiert, erwies sich aber im Kern als außerordentlich stabil. Jedermann im Reich, der dem Kaiser danken wollte, konnte die zuerst in Rom oder von Rom aus verbreiteten Bildformeln übernehmen oder auch neue, in die vorgegebene Programmatik passende Bilder verwenden. Es gab keine Propagandazentrale und keine Aufsichtsbehörde, die Bildformeln verteilt oder Vorschriften irgendwelcher Art erlassen hätten. Vielmehr fand durch den Blick aller nach Rom, auf Kaiser und Senat, eine generelle Orientierung und eine Art von Selbstkontrolle statt. Wir haben es also in keiner Weise mit einer gesteuerten Propaganda im neuzeitlichen Sinn zu tun, bei der von einer zentralen Behörde aus bestimmte Slogans und Bilder verbreitet werden, die darauf abzielen, die Bevölkerung zu indoktrinieren. Die Initiative lag vielmehr in der Regel bei denen, die den Kaiser, für welche Taten und aus welchen eigennützigen Motiven auch immer, ehren und ihm danken wollten. Die treibenden Kräfte dafür kamen aus der Dynamik der Konkurrenz innerhalb einer vergleichsweise durchlässigen Gesellschaft (auch wenn diese sich im Laufe der Kaiserzeit verhärtete): Politische Führungsschichten, Korporationen, Städte, Provinzial-Landtage, Honoratioren aller Art, aber auch einzelne Bürger konkurrierten untereinander im Herrscherlob. Ging es bei der politischen Konkurrenz der spätrepublikanischen Großen und ihrer Anhänger noch um Einfluß, Macht und Besitz und den daraus direkt abgeleiteten sozialen Status, so war jetzt Nähe oder Ferne zum Herrscher das entscheidende Kriterium. Das Kaiserlob entwickelte sich dabei zum wichtigsten Medium der politischen und sozialen Selbstdarstellung in der Gesellschaft. Wenn es für die führenden Männer einer Stadt darum ging, soziale Distinktion zu gewinnen bzw. zu erhalten, oder wenn Senat, Ritterschaft oder *collegia* (Vereine) ihre Rolle und Bedeutung herausstellen wollten, dann geschah dies vor allem mittels Kaiserehrung und Kaiserkult. Man kann das ganze so weit verbreitete und so umfangreiche Ehrenwesen deshalb auch als eine Form der politischen und sozialen Teilhabe und Integration verstehen.

In Rom bestimmten Kaiser und Senat über die Errichtung von Monumenten in der Öffentlichkeit, dabei konnten politische Bedeutung und Ranguntersschiede nicht nur durch Genehmigung oder Ablehnung, sondern auch durch die Zuweisung von mehr oder weniger prestigeträchtigen Plätzen zur Geltung gebracht werden. Hier beherrschten die Kaisermonumente den öffentlichen Raum im Laufe der Zeit fast vollständig. In den übrigen Städten hatte die lokale Führungsschicht je nach örtlicher Situation gelegentlich größere Möglichkeiten der Selbstdarstellung. Andererseits zeigen die Reste der Statuenbasen auf den Fora immer wieder, wie die großen Kaisermonumente in Gestalt von Reiterstatuen und Quadrigen auch dort den öffentlichen Raum völlig dominierten. Zu Verbreitung und Steigerung der Kaiserverehrung und des Kaiserkultes trug die Städtekonkurrenz erheblich bei, zunächst in den Städten Italiens, später vor allem in den großen Zentren des griechischen Ostens und Nordafrikas. Einige der eindrucksvollsten Kaisertempel verdanken ihre Existenz dieser Konkurrenz.

Leider können wir die Selbstläufigkeit solcher Prozesse, die auch in der Bildsprache des Kaiserlobes eine erhebliche Rolle gespielt haben müssen, nur selten und auch dann nicht mit Sicherheit rekonstruieren. Ein Beispiel mag veranschaulichen, wie die Dynamik des Wetteifers in der Kaiserverehrung Bilder in Umlauf brachte und akzeptabel werden ließ, die ursprünglich keineswegs in das Konzept des Principatsstils paßten. Das hochgreifende Bild vom Kaiser als Stellvertreter Jupiters auf Erden mag zunächst in hellenistischer Tradition von einem Dichter in einem Loblied auf Augustus verwendet worden sein. Künstler und Auftraggeber griffen die panegyrische Formel dann für die Gemma Augustea und später für den Grand Camée de France auf (Farbtaf. 1), die vermutlich dem Herrscherhaus als Geschenk überreicht wurden. Die Übernahme in das Repertoire der Körperschemata für Kaiserstatuen des noch lebenden Kaisers war der nächste Schritt, vielleicht handelte es sich bei den Dedikanten zunächst sogar um Privatpersonen und bei den Statuen um Ehrungen in privatem Rahmen. Schon unter Claudius wurde diese Form der Darstellung dann aber nicht nur für die verstorbenen und deifizierten Herrscher, sondern auch für den lebenden Kaiser üblich. Von hier aus eröffneten sich weitere Möglichkeiten für neue Bildentwürfe. So finden wir auf dem vom Senat gestifteten Bogen von Benevent, also auf einem vermutlich vom Kaiser akzeptierten Monument, ein Relief, auf dem Jupiter seinen Blitz dem Kaiser Traian überreicht. Im einzelnen mag sich der Ablauf auch anders abgespielt haben, das Beispiel sollte lediglich zeigen, wie das Repertoire der Kaiserkunst durch die Stifter sogar entgegen der ursprünglichen Intention der zu Ehrenden erweitert und gesteigert werden konnte.

Verinnerlichung einer stereotypen Kaiserkunst

Elemente der Kaiserkunst sind auch in verschiedenen Bereichen der privaten Bilderwelt rezipiert worden. Man kann dieses Phänomen zunächst ebenfalls als Ausdruck des Austausches zwischen Princeps und Bürgern verstehen. Man muß jedoch fragen, wie dieses Eindringen der kaiserlichen Repräsentation in die private Bilderwelt im einzelnen zu interpretieren ist. Der Befund ist komplex und müßte je nach der Art der Verwendung getrennt dargestellt werden. Grundsätzlich ist dabei die Verwendung im Rahmen der bürgerlichen Selbstdarstellung von allgemeineren dekorativen Arten der Benutzung zu unterscheiden. Soldaten, die das Bildnis der Kaiser auf ihre Schwerter oder Gürtel setzen ließen, Händler, die ihre Waagen und Gewichte damit verzierten, Frauen, die es als Schmuck trugen, oder Männer, die mit ihm siegelten, in all diesen Fällen haben wir es, wenn man so will, mit Formen einer privaten Kaiserehrung zu tun. Komplizierter stellt sich die Verwendung von einzelnen Elementen der Kaiserkunst auf Grabaltären, Sarkophagen oder in der Wandmalerei dar. Denn hier sind diese Formeln in größere Zusammenhänge verwoben, die nichts mehr mit dem Kaiser zu tun haben. Eine Victoria auf einem Sarkophag oder in der Rankenfülle einer pompejanischen Wandmalerei präsentiert sich als eine positive Bildformel neben vielen anderen, deren ästhetischer Wert vermutlich durch die Nähe zur Kaiserkunst gesteigert wahrgenommen wurde, ohne daß dabei politische Implikationen anzunehmen wären. Man könnte vielleicht von Formen einer psychologischen Verinnerlichung sprechen, die eine positive Rezeption der Kaiserkunst voraussetzen und diese natürlich auch stabilisieren.

Einen besonders interessanten Bereich stellt das Eindringen des Herrscherbildnisses in die private bildliche Repräsentation dar. Daß durch die Medien bekannte Zeitgenossen auf Mode und Habitus der Gesellschaft einwirken können, ist ein auch uns geläufiges Phänomen. Es wird uns deshalb kaum verwundern, daß vor allem die Frisuren der Kaiserinnen und Prinzessinnen die weiblichen Haartrachten im ganzen Imperium Romanum entscheidend beeinflußt zu haben scheinen. Dasselbe war bei den männlichen Haar- und Barttrachten der Fall, was freilich nicht bedeutet, daß der Modewandel immer vom Kaiserhaus initiiert worden wäre. Wenn ein Kaiser, ein Prinz oder eine Prinzessin eine neue Modeform übernahm, dann bedeutete dies dank der Omnipräsenz der kaiserlichen Bildnisse einen einzigartigen multiplikatorischen Effekt. Zumindest bei auffälligen Veränderungen spielte die Münzprägung eine wichtige Rolle. Aber auch auf vielen Gegenständen des täglichen Bedarfs, auf Gewichten, Ringen, Armbändern, Halsketten, Waffen und anderem mehr stieß man auf Bildnisse des Herrschers. Manche Bürger wählten besonders beliebte Kaiserporträts sogar als Modell für das eigene Bildnis. Das heißt: der eine oder andere ließ seine Gesichtszüge denen des Kaisers angleichen, wie wir das auch aus anderen Perioden der Geschichte und aus der Gegenwart kennen, nur daß es heute doch (glücklicherweise) viele Protagonisten des Show-Business gibt. Auf dem Grabaltar eines Versteigerers vom großen Markt (Macellum Magnum) des Nero (Abb. 41) sind so-

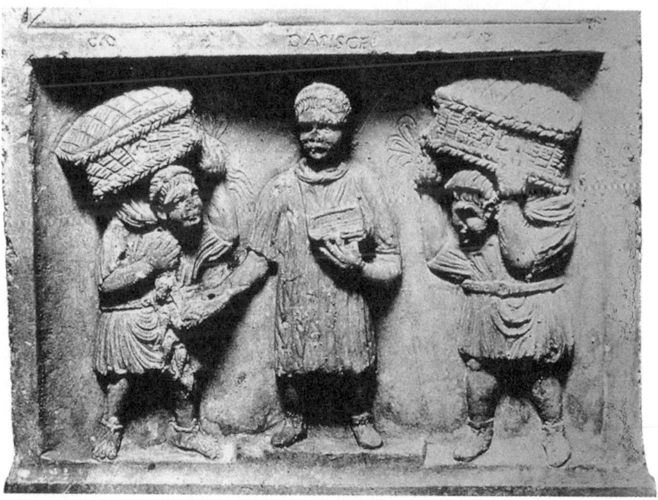

41 Grabaltar. Rom, Palazzo Massimo. Fisch-Versteigerer mit zwei Sklaven, alle mit Neros Dauerwellenfrisur

wohl der Versteigerer als auch die Sklaven, die die Fischkörbe tragen, mit der überaus komplizierten, mit erheblicher Verwendung der Brennschere hergestellten Lockenfrisur des beliebten Kaisers dargestellt. In allgemeinerer Art prägten vermutlich die Kleider der Kaiserinnen und Prinzessinnen die Mode. Wir haben es also mit einem gleicherweise von politischen und privaten Interessen getriebenen Prozeß zu tun, der sich nach entsprechenden offiziellen Vorgaben weitgehend selbstläufig entwickelt hat. Die allgemeine Akzeptanz hängt ohne Zweifel damit zusammen, daß die führenden Leute der oberen und mittleren Schichten sich aus dem Bedürfnis der Zugehörigkeit und natürlich auch zu ihrem eigenen Nutzen mit der Person des Kaisers identifizieren konnten.

Wir haben gesehen: Die Kaiserkunst erfüllte im Gesamthaushalt der Kultur des Imperium Romanum wesentliche Funktionen. Sie versuchte das Gefühl der Sicherheit und das Vertrauen in die Unzerstörbarkeit der vom Kaiser garantierten inneren Stabilität und Ordnung zu vermitteln und damit auch Ängste zu bannen. Die Wirkung der Bilder beruhte auf der ständigen Wiederholung derselben Bildformeln in den unterschiedlichsten Bildmedien, auf ihrer von den Göttern und Mythen garantierten Autorität, nicht zuletzt auch auf der normativen Schönheit der griechischen Form. Wesentlich war die Möglichkeit des einzelnen Bürgers, an den Bilderehrungen teilzunehmen und seine eigene Identität durch entsprechendes Sich-Anlehnen zu stärken. Natürlich gab es auch damals Unzufriedenheit, Willkür, Ungerechtigkeit, Hunger. Aber das Negative hat in der Bilderwelt einer absoluten Monarchie keinen Raum. Man verfügte über keine Medien, die wie heute über Vorgänge kritisch berichtet hätten – und alles in allem scheint das Leben zumal in den Städten und für die Bessergestellten zufriedenstellend gewesen zu sein.

IV

Das Haus als Ort der Lebensfreude

Wenn man von den Straßen in die Wohnhäuser trat, so empfing einen dort eine Bilderwelt ganz anderer Art, die unseren modernen Vorstellungen von Strenge, Ernst und Genügsamkeit der alten Römer völlig widerspricht. Wir haben bereits gehört, welche Bedeutung ein kultiviertes Wohnen und das Konzept des *otium* für die Ausgestaltung der Villen und Häuser hatte. Was bei der Führungsschicht der späten Republik als Übernahme der griechischen Kunst und des hellenistischen Lebensstils begann, verfestigte sich seit dem ersten Jahrhundert vor und nach Christus zu einem auch von breiteren Schichten der Gesellschaft übernommenen Wohnstil: Das Haus wurde als der Ort verstanden, an dem man das Leben entsprechend den jeweiligen Möglichkeiten genießen konnte und an dem sich die Wohlhabenderen gleichzeitig den Besuchern als kultivierte Zeitgenossen präsentieren konnten. Es ist erstaunlich, wie umfassend die private Bilderwelt diese ins Ideale gesteigerten Vorstellungen von Lebensgenuß und Glücklichsein widerspiegelt. Bei der allgemeinen Verbreitung dieser positiven Bilder spielte der Wunsch nach Zugehörigkeit zur «besseren Gesellschaft» eine erhebliche Rolle. Da sich die gesellschaftlichen Aktivitäten und Ambitionen in der Monarchie von der Politik weitgehend auf den privaten Bereich verlagerten, suchten die Bürger durch eine anspruchsvolle Selbstdarstellung im Haus und, wie wir sehen werden, auch in den Gräbern ihr Bürgersein zu erweisen.

Häuser für Gäste

Betrachtet man die Grundrisse der pompejanischen Häuser, so kann man schon an den Bauaktivitäten des ersten Jahrhunderts v. Chr. beobachten, wie Elemente der Villen- und der distinguierteren Hausarchitektur selbst in bescheideneren und kleinen Häusern nachgeahmt wurden. Auch wer nur wenig Platz im Garten hinter seinem Haus zur Verfügung hatte, versuchte mittels einiger Säulen wenigstens eine Art Rumpfperistyl anzudeuten. Man baute sich kleine Ruheräume mit Ausblick auf das Gärtchen, den Brunnen, die Pergolen sowie Ruhelager im Freien (Abb. 42). Vor allem aber bemühten sich die Hausbesitzer darum, wenigstens einen größeren Speiseraum zur Verfügung zu haben. Dabei handelt es sich in den pompejanischen Häusern oft um Umbauten aus der Zeit der späten Republik und frühen Kaiserzeit, bei denen andere Räume oder ein Stück des Gartens geopfert werden mußten. Bei dieser allgemeinen Tendenz zur Nobilitierung der Räume, die man selbst in Mietwohnungen beobachten kann, spielte das Gastmahl (*cena*) eine entscheidende Rolle. Denn dieses bildete jetzt das eigentliche Zentrum der sozialen Kommunikation. Mit den dazu gehörenden Ritualen

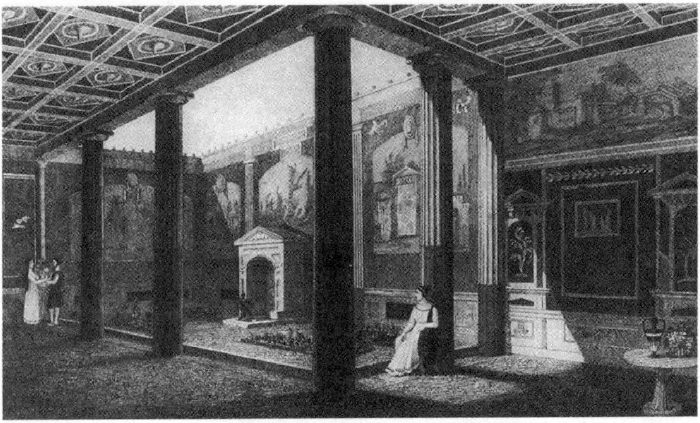

42 Pompeji, Casa della Fontana piccola, Säulengang mit Gärtchen und Brunnen. Rekonstruktion nach W. Gell (1819)

verbrachte man viele Stunden am Tag. Es begann nicht selten schon am Nachmittag (eventuell mit einem Besuch der Thermen) und endete erst in der Nacht, nach ausgiebigen Speisenfolgen, Wein und Unterhaltungen, je nach Anspruch und Niveau des Hausherrn. Wer immer es vermochte, versuchte zu denen zu gehören, die einladen konnten und eingeladen wurden, und nicht zu denen, die lediglich darauf hoffen konnten, als Schmarotzer oder Lückenbüßer dazugebeten zu werden.

Die Bewohner und Besucher der kaiserzeitlichen Häuser waren von einer Fülle von Bildern umgeben. Dabei ist aufschlußreich, daß die dem Gastempfang dienenden Bereiche, in denen man sich am längsten aufhielt, die größte Dichte an Bildern zeigten, während etwa die Zimmer des Personals oder der Küche meist gar keinen Bildschmuck aufwiesen. Der für das *otium* bestimmte Teil des Hauses dagegen war durch den Bilddekor klar als solcher gekennzeichnet. Es ist schwer, sich die Wirkung dieser Bilderfülle in einem wohlhabenderen Haus konkret vorzustellen. Denn selbst in Räumen, deren Wandmalerei und Mosaikfußböden zur Gänze erhalten sind, fehlen heute nicht nur die stuckierten Decken, sondern auch die Möbel, das Geschirr, die Vorhänge, welche mit ihren Bildern und Ornamenten ebenfalls wesentlichen Anteil an der Schaffung eines spezifischen «Bildraumes» hatten.

Viele Bilder – viele Assoziationen

Versucht man eine Vorstellung von der häuslichen Bilderwelt zu gewinnen, so muß man von den wenigen gut erhaltenen und rekonstruierten oder rekonstruierbaren Häusern ausgehen und diese vor Ort besuchen. Denn Photographien, die einen einigermaßen vollständigen Raumeindruck vermitteln, sind schwer anzufertigen. Wenn wir mit unseren heutigen Sehgewohnheiten in Räume wie die beiden berühmten Zimmer der Casa dei Vettii treten, so fällt die Orientierung auf den ersten Blick angesichts der vielfach mit Architekturprospekten aufgebrochenen Wände schwer (Farbtaf. 3). Jede Wand wird von einem größeren Mythenbild beherrscht (was wohl ursprünglich als Nachahmung einer Sammlung originaler Gemälde (*pinacoteca*) gemeint war). Aber unter, neben und über den «Gemälden» drängt eine Fülle zusätzlicher, ganz verschiedenartiger Bilder und Bildchen auf den Betrachter ein.

Nimmt man diese und ähnliche pompejanische Wände in ihrer Gesamtheit in den Blick, so evozieren zunächst die Architekturprospekte, die Imitationen aufwendiger Marmorverkleidungen und kostbarer Geräte Vorstellungen eines über alle konkrete Erfahrung der Zeitgenossen hinausgehenden Luxus. Dazu kommen die vielen auf den großen einfarbigen Wandflächen schwebenden Gestalten. Meist sind es glückliche dionysische Paare, die sich umschlungen halten, schwebende Musikanten, Genien mit Füllhörnern. In den Scheinarchitekturen tauchen öfter neben den Gottheiten auch Gestalten aus einer verklärten, auf wenige Aspekte reduzierten griechischen Kulturwelt auf: Athleten, klassische Hopliten, Priesterinnen, Philosophen oder nackte griechische Epheben als Diener. Sie entsprechen in ihrem Verweischarakter den Statuen der Villa dei Papiri. Die Bildmotive haben untereinander meist keinen direkten Zusammenhang. Da wird ein Fischbecken unter einem Gartenstück oder ein Kandelaber über einem Villenausblick angeordnet. Zumindest in der späteren pompejanischen Wandmalerei des «vierten Stils» geht es weniger um inhaltliche Kohärenz als darum, den Eindruck der Fülle zu erwecken und gleichzeitig eine Vielfalt von Anreizen für die Phantasie zu bieten.

Schon auf den Fresken des sogenannten zweiten Stils war uns aufgefallen, daß die Welt des Kaisers und des Staates völlig ausgeschlossen blieb. Das gilt von wenigen Ausnahmen abgesehen (zum Beispiel den gelegentlichen Kaiserporträts) für die gesamte häusliche Bilderwelt in der Kaiserzeit. Im Haus sollte offenbar nicht an die Politik und auch nicht an die Probleme des täglichen Lebens erinnert werden. Jedenfalls nicht in direkter Weise, sondern allenfalls im Spiegel mythischer Gleichnisse, wovon gleich noch die Rede sein wird. Diese Trennung zwischen den für die öffentlichen und der für die privaten Räume bestimmten Bildern stellt eine erstaunliche Eigenart der römischen Kunst dar. Aber auch andere Bereiche der unmittelbaren Erfahrung bleiben ausgeschlossen. Anders als in den Barockvillen erzählen die Bilder nichts vom banalen Alltag der Bewohner, von der Tätigkeit der Sklaven, von den Kindern und ihren Erziehern, vom Empfang der Klienten durch den Hausherrn. Von der Landarbeit wird nur die Weinernte thematisiert, aber das geschieht mit mythologischem Personal, mit Satyrn und Eroten, die ernten und keltern. Eine Ausnahme stellen allein die Frauen und Knaben dar, die lesen oder mit dem Schreibzeug in der Hand «dichten». Solche Bilder paßten in die Räume des *otium*, sie rühmten die Bildung der Hausbewohner. Der *dignitas* des Hausherrn dagegen wäre diese Form der Darstellung weniger angemessen gewesen.

Die Griechen und Römer lieben nur die in Form von Gärten und Parks domestizierte Natur. Die Fenster der Räume öffnen sich deshalb in der Regel nur nach innen, zu Atrium, Peristyl oder Garten hin. Wenn einmal der Blick in die Landschaft freigegeben wird, geschieht dies in der Form eines gerahmten Ausblicks, zum Beispiel in den am Meer gelegenen Villen an den Vesuvabhängen, deren Fenster auf andere Villen oder eine Insel gerichtet sind. Auch die Architektur der Villa Hadriana, die doch in einer für unsere Augen durchaus reizvollen Landschaft liegt, ist fast ausschließlich nach innen gerichtet, auf Architekturprospekte, aufwendige Innenräume, Wasserläufe und Gärten.

Dasselbe gilt für die Bilder. Auch hier sind es fast immer Gartenprospekte, die für das Auge inszeniert werden (Farbtaf. 2b). Das berühmteste Gartenbild stammt aus der Villa der Livia im Norden Roms. Es befand sich in einem Raum für heiße Tage, der kein Fenster besaß und auf allen vier Seiten mit Gartenmalereien verziert war. Sie vermitteln dem Benutzer für einen Augenblick den Eindruck, aus einer Grotte in die freie Natur zu blicken. Aber dann bemerkt er, daß ihn ein wohlgeordneter, gegen das freie Feld mit einem niedrigen Zaun abgegrenzter Garten umgibt, ein Garten paradiesischer Art allerdings, in dem die unterschiedlichsten Früchte wachsen, die in der Natur nie zur selben Zeit reifen und in dem seltene Vögel singen. Immer wieder entwarfen die Bilder in den Häusern also eine imaginäre Welt, die weitaus schöner und angenehmer war als die tägliche Realität im und vor dem Haus (Farbtaf. 2a).

Mit Mythen leben

Mythologische Szenen machen den weitaus größten Teil der häuslichen Bilder aus. Fragt man nach den beliebtesten Mythen, so fällt auf, daß die bei weitem überwiegende Zahl sowohl in der pompejanischen Wandmalerei als auch auf den späteren Mosaiken aus dem Bereich der Venus/Aphrodite und des Bacchus/Dionysos stammen. Einen besonderen Stellenwert nehmen die Liebesgeschichten der Götter und Heroen ein, etwa die Liebe von Mars und Venus, die Entführung der Europa durch den Stier, Ganymed und der Adler oder der Raub des schönen Hylas durch die Nymphen. Auf den großformatigeren Bildern waren die ruhig nebeneinander stehenden oder sitzenden Liebespaare besonders beliebt (Abb. 43), wobei häufig der gesamte Erzählzusammenhang der betreffenden dramatischen Geschichte, wie die Verfolgung der Daphne durch Apollo oder der Tod des Adonis, ausgeblendet wurde. Es geht offenbar weniger um die narrativen Zusammenhänge dieser Liebesgeschichten als um die Veranschaulichung ruhigen Liebesglücks. Immer

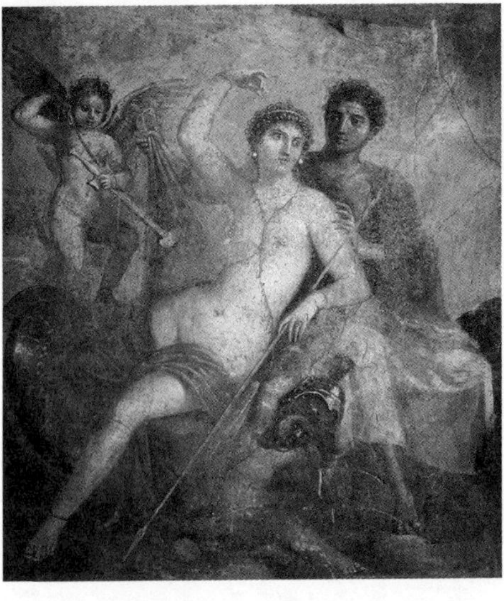

43 Mars und Venus als Liebespaar. Pompeji, Casa di Venere

sind die Liebenden mit schönen, meist nackten Körpern dargestellt (Abb. 44).

Auch innerhalb der vielen dionysischen Szenen ist die Auswahl eindeutig an Szenen der Lebensfreude orientiert. Den Bildern von Gelagen, Tanz, Musik und fröhlich-festlichem Treiben der Trabanten des Dionysos liegen Bildszenen zugrunde, die schon in der hellenistischen Kunst auf Fest und Feier in der Lebenswelt bezogen worden waren. Auch die Musen, Apollon, Orpheus und sogar Marsyas kann man dem Fest zuordnen. Natürlich findet man in den Häusern der Kaiserzeit auch mythologische Bilder, die nicht unter dem Stichwort «Lebensfreude» subsummiert werden können: Szenen aus den trojanischen Heldensagen, die Heraklestaten oder Mythen, die auf dem Theater besonders beliebt waren, wie die von Iphigenie und Orest. Griechische Literatur und Bildung spielten eine entscheidende Rolle bei der Auswahl, gehörte doch die Beschäftigung mit griechischer Kultur zum ursprünglichen Konzept des *otium*. Gelegentlich stößt man auch auf ausgesprochen tragische Gestalten und Bilder von menschlichen Verfehlungen gegen die Götter und

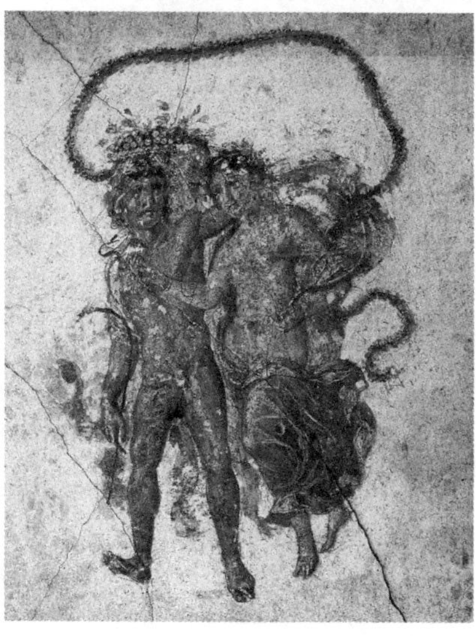

44 Pompeji, Casa di Vettii. Eines der zahllosen schwebenden Liebespaare, wie sie auf vielen pompejanischen Wänden zu finden sind

von deren grausamen Bestrafungen (Pasiphae, Phaeton, Lykurg, Pentheus, Dirke). Ohne daß man die Auswahl all dieser Mythen im einzelnen begründen müßte oder könnte, fällt auf, daß die ausgewählten Szenen und Aspekte den tragischen Gehalt der Mythen häufig abzumildern versuchen. Bilder kriegerischer Auseinandersetzungen sind zum Beispiel ausgesprochen selten. Die beliebteste Gestalt aus der Odyssee ist Polyphem, aber nicht als der wilde Riese, der die Gefährten des Odysseus verschlingt, sondern als der unglückliche Liebhaber, der vergebens um die schöne Galatea wirbt. Aus dem Trojazyklus war bezeichnenderweise das Parisurteil besonders beliebt, und auch Achill zeigte man lieber als Liebhaber denn als Krieger!

Dank ihrer uralten Tradition und ihrer religiösen Konnotationen besaßen die Mythen und die Geschichten der homerischen Helden während des gesamten Altertums eine einzigartige Autorität. Man war von Kindheit an mit ihnen vertraut und bekam sie später im Theater, beim pantomimischen Tanz und auf den vielen Bildern im Haus immer wieder vorgeführt. Das hatte schon bei den Griechen der archaischen Zeit dazu geführt, daß die Menschen mit ihnen lebten, das heißt ihre eigenen Lebenssituationen, Liebe und Tod, Kampf und Sport, Abschied, Fest und Trauer in den entsprechenden Mythen widergespiegelt fanden. Sie gaben je nach den individuellen Umständen Halt und Trost, forderten aber auch zu Lebensgenuß und Sinnenfreude auf. Das mythische Gleichnis war ein Medium, in dem die Gesellschaft sich über ihre gemeinsamen Werte, Wünsche und Hoffnungen verständigte. Daß dabei auch manches zur Sprache gebracht wurde, das nach den gesellschaftlichen Konventionen in der Lebenswelt nicht frei ausgelebt werden konnte, war ein zusätzlicher Vorzug der Mythenbilder.

Das alles gilt in besonderer Weise für die letzte Phase der pompejanischen Wandmalerei, aus der wegen der Verschüttung durch den Vesuvausbruch die Ausmalung vieler Häuser weitgehend erhalten ist. Für die spätere Zeit haben wir nur spärliche Zeugnisse. Sie deuten darauf hin, daß sich im 2. und 3. Jahrhundert n. Chr. an den Strukturen der Wandgestaltung, sieht man von einer tendenziell zu beobachtenden Reduktion der Bilderfülle

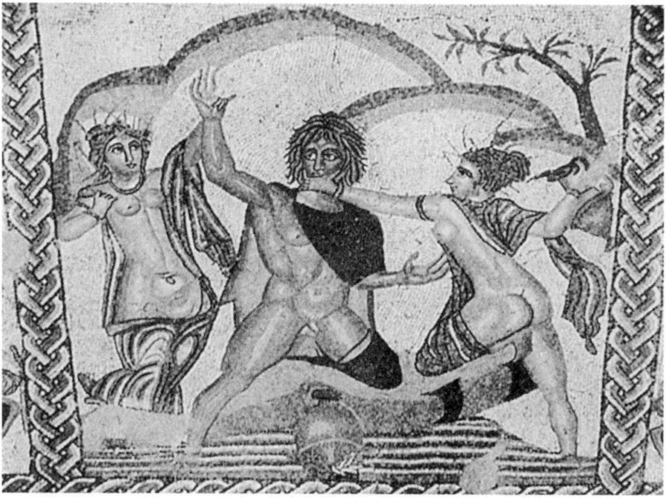

45 Hylas wird von den Nymphen geraubt. Mosaik aus einem Wohnhaus in Volubilis (Marokko), 3./4. Jh. n. Chr.

ab, nichts Grundsätzliches geändert hat. In reich ausgestatteten Räumen bevorzugte man die Marmorvertäfelung, in die man nicht selten Reliefs einsetzte. Die Mythenbilder blieben bis in die Spätantike hinein ein wesentliches Element der Hausdekoration, und auch das Sich-Spiegeln und -Wiederfinden in mythischen Situationen dauerte, wie die vielen erhaltenen Bodenmosaiken zeigen, fort. Neuere Forschungen haben durch Interpretation ikonographischer Besonderheiten und Veränderungen zeigen können, wie selbst die späteren Mosaiken noch von vitalen Interessen der Zeitgenossen geprägt sind. Die Bilder von Achills Entdeckung bei den Töchtern des Lykomedes etwa betonen gleichermaßen den Kampfesmut des jungen Helden wie seine erotische Attraktivität. Die Bilder des schönen Hylas, der von den Wassernymphen ergriffen wird, geben Gelegenheit, die Zurschaustellung männlich-aggressiver Haltung gepaart mit weiblichem Begehren ins Bild zu setzen (Abb. 45). In beiden Fällen bieten sich weitergehende Deutungen im Sinne der Geschlechterrollen an.

Welt und «Überwelt»

Die Bilder im Haus lassen sich also als eine Art von «Überwelt» verstehen. Sie locken Vorstellungskraft, Gedanken und Empfindungen in das Reich der Phantasie hinein, öffnen die konkreten Räume des Hauses zu den Räumen der Bilder hin. Die Hingabe an diese Vorstellungen der Phantasie sollte man als eine Lebenswirklichkeit eigener Art verstehen und mit den übrigen Wertvorstellungen und Alltagsritualen der Zeit zusammen sehen. Dabei fehlt es nicht an «Brücken». Einfach zu verstehen sind die dionysischen Bilder im Hinblick auf das abendliche Gelage. Auf einem bekannten farbenfrohen Mosaik, das am Eingang zu einem Speisesaal in einem reich ausgestatteten Haus in Antiochia ausgelegt war, begrüßen Dionysos und sein Zechkumpan Herakles die Eintretenden mit freudigen Gesten (Abb. 46). Sie halten ähnliche Trinkgefäße in der Hand, wie sie wenig später von den im Haus versammelten Teilnehmern am Gelage selbst benutzt worden sein mögen. Eine Mänade tanzt und schlägt das Tympanon, was man als Hinweis auf das mit dem Symposion verbundene Unterhaltungsprogramm verstehen kann.

Ähnliche direkte Formen der Überhöhung findet man auch schon in bescheidenen pompejanischen Häusern. In einem erst vor einigen Jahren entdeckten, vergleichsweise engen Speisezimmer in einer Bäckerei sind unmittelbar über den ehemaligen Speisesofas Szenen griechischer Hetärengelage gemalt, deren Vorbilder aus der hellenistischen Kunst stammen. Man sieht die schon betrunkenen Freier mit den leicht bekleideten und ebenfalls kräftig dem Wein zusprechenden Mädchen. Die pompejanische Wirklichkeit sah anders aus, hier herrschten strengere Sitten. Das hinderte aber nicht daran, sich beim abendlichen Zusammensein mit Freunden jene sprichwörtlich gewordene mondäne Welt im einstigen Athen vor Augen führen zu lassen. Ein anderes Beispiel sind die Bilder schöner Knaben. Die großen Adelsfamilien hielten sich nicht nur griechische Hausphilosophen, sondern auch schöne Sklavenknaben als Diener. In den Bürgerhäusern ersetzen die gemalten Griechen die wirklichen, hier wie dort öffnet man mit ihrer Hilfe in der Vorstellung Räu-

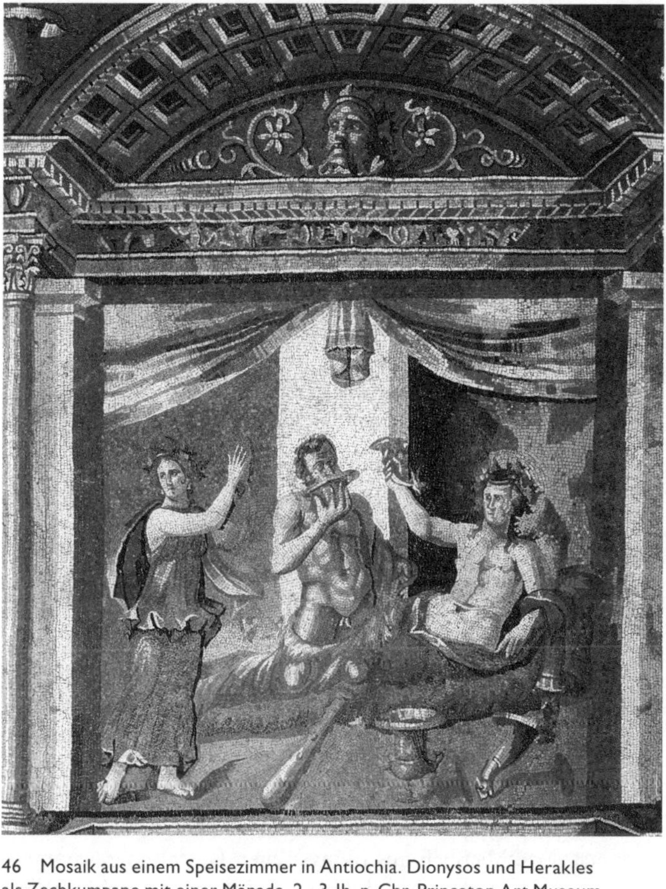

46 Mosaik aus einem Speisezimmer in Antiochia. Dionysos und Herakles als Zechkumpane mit einer Mänade, 2.–3. Jh. n. Chr. Princeton Art Museum

me des Luxus und der kulturellen Erinnerung. Wenn in einem ansonsten keineswegs besonders anspruchsvoll oder geschmackvoll ausgestatteten Haus in Pompeji der oben bereits erwähnte bronzene Leuchterknabe klassischen Stils (Abb. 8) neben den im Garten aufgemauerten Speisesofas (Klinen) stand, oder wenn in einem anderen Haus ein originales griechisches Bronzegefäß aufbewahrt wurde, so kann man in diesen greifbaren «Reliquien» ebenfalls Brücken für die Phantasie sehen, mit deren Hilfe eine bescheidene gegenwärtige Situation mit einer großartigen Vorstellungswelt überhöht werden konnte. Bei der Bronzestatue handelt es sich nicht um einen Einzelfall. Wir kennen eine ganze Reihe solcher Leuchterstatuen, darunter den seit seiner Auffindung im 16. Jahrhundert so berühmten «Idolino» in Florenz. Es handelt sich dabei meist um künstlerisch anspruchsvolle Werke. Der Leuchterknabe aus Pompeji verbindet zum Beispiel einen klassischen Körpertypus mit einem stilistisch älteren griechischen Typus eines Mädchenkopfes. Ein Werk für Kenner also, das raffiniert mit den erotischen Reizen des Übergangsalters vom zarten Knaben zum Mann spielt. Vielleicht stand es zunächst in der Villa eines Kunstliebhabers, bevor es durch welchen Zufall auch immer in das pompejanische Haus kam.

Kostbares Gerät

Das römische Haus kam im Gegensatz zu unseren Wohnungen ohne einen größeren Bestand an Möbeln aus. Die repräsentativen Räume konnten zu unterschiedlichen Zwecken benutzt werden. Was am Abend als Speise- und Konversationsraum diente, konnte tagsüber und nachts anderweitig benutzt werden. Liegesofas und Tische waren leicht zu transportieren, und an Personal war in den wohlhabenden Häusern kein Mangel. Die meisten der mit Bildschmuck versehenen Geräte haben mit dem abendlichen Gastmahl zu tun. Am kostbarsten waren die Beschläge und Aufsätze der Klinen, deren Bildrepertoire sich seit hellenistischer Zeit fast ausschließlich aus dionysischen Gestalten zusammensetzt. Wir sehen eine von ihren wilden Tänzen erschöpft hingesunkene Mänade, einen trinkenden Satyr, den alten Silen (Abb. 47), das Maultier, das den trunkenen Silen im Thiasos, dem Zug des Dionysos, mittransportierte oder den lahmen Hephaist in den Olymp zurücktrug.

Auch das Silbergerät, das einen so herausgehobenen Platz im römischen Kunstgewerbe einnimmt, verdankt seine Existenz der Bedeutung des Gastmahls. Es ist erstaunlich, wie verbreitet der Besitz von teurem Silber selbst in Landstädten wie Pompeji

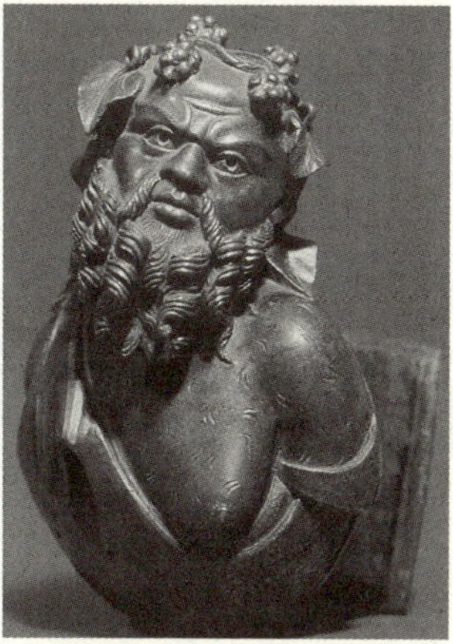

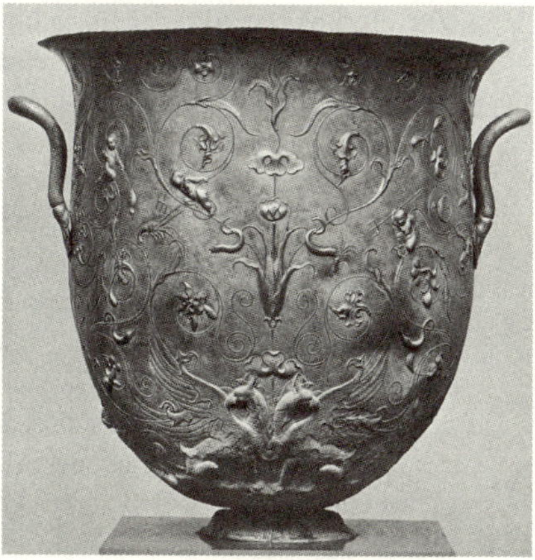

47 (links) Detail von den Bronzebeschlägen einer Kline (Liege). St. Petersburg, Eremitage
48 (rechts) Krater aus dem Hildesheimer Silberschatz, augusteisch. Ehemals Berlin, Antikenmuseum

war. In der Casa di Menandro und in der kleinen *villa rustica* von Boscoreale sind umfangreiche Sets an Tafelsilber gefunden worden, die sorgfältig in Kisten verstaut waren. «Die Silbersachen sind meine große Leidenschaft», erklärt der neureiche Freigelassene Trimalchio, dessen Angebereien Petronius in seinem «Satiricon» so hinreißend karikiert. Vor allem die Trinkgefäße zeichneten sich häufig durch reichen Bildschmuck aus. Die hohe Qualität der Arbeiten der frühkaiserzeitlichen Ateliers steht denen des späteren Hellenismus nicht nach und läßt auf Kennerschaft bei den Besitzern und Benutzern schließen. Besonders die reinen Blattornamente fordern dabei die Bewunderung der ästhetischen Form im Detail heraus (Abb. 48). Im Silberschatz von Boscoreale fanden sich sogar zwei Becher mit Bildszenen aus der Kaiserkunst, die Augustus mit unterworfenen Barbaren und den Triumph des Tiberius zeigen. Aber das waren wohl Ausnahmen. Wie in der Wandmalerei beherrschen neben gelegentlichen erotischen Szenen auch hier mythologische Bilder das Repertoire der Reliefs.

Extrem kostbar und vermutlich auch teuer waren die in Kameentechnik hergestellten Glasgefäße. Ihr meist blau gefärbter Körper wurde zusätzlich mit einem dicken weißen Überzug gebrannt, den man dann wie einen Cameo in Schnitztechnik bearbeiten konnte. Das bekannteste Beispiel ist die Portland-Vase im British Museum, die die Anregung zur berühmten Wedgwood-Keramik gab und deren klassizistische und vieldeutige Kompositionen mehr als 50 unterschiedliche Deutungen hervorgerufen haben. Auch manche der Silberbecher sind nicht ohne weiteres zu deuten. Man kann vermuten, daß solche Gefäße gerade durch ihre hermeneutischen Schwierigkeiten den Gästen Gelegenheit geboten haben, mit ihrer Bildung zu prunken. Direkt auf Gastmahl und Gelage bezieht sich die ca. 30 cm hohe, in Kameotechnik gearbeitete Glasamphora, die man in einem Grab in Pompeji gefunden hat (Abb. 49). Wahrscheinlich diente sie in

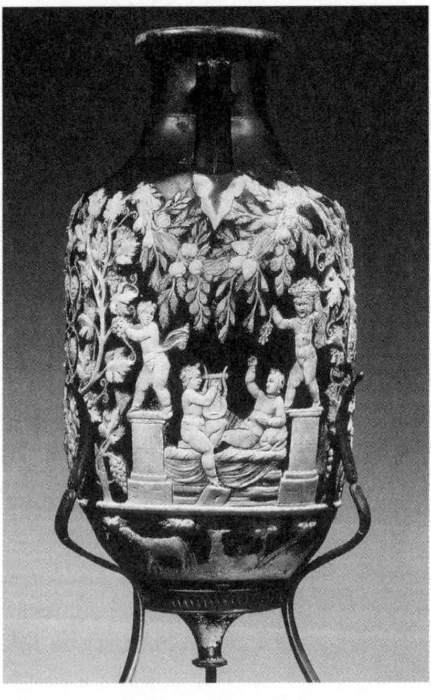

49 Glasgefäß in Cameotechnik aus Pompeji. Neapel, Museo Nazionale. Eroten beim Gelage und der Weinernte

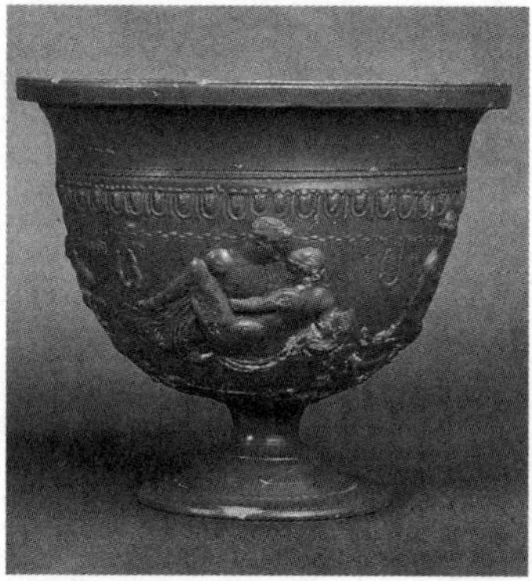

50 Tonbecher, (Terra Sigillata-Becher) aus einer Werkstatt in Arezzo. Oxford, Ashmolean Museum

Zweitverwendung als Aschenurne. Sie ist über und über mit Blattranken verziert, zwischen denen sich Vögelchen tummeln. Das Gezweig wächst zu seiten einer Kline auf. Auf dieser liegt ein Eros, der trinkt und zu den Klängen eines Leierspielers zu singen scheint. Das Sofa wird von zwei weiteren Eroten flankiert, die mit der Weinernte beschäftigt sind, gleichzeitig aber wie Statuen auf hohen Sockeln stehen. Die erhaltenen Stücke dieser vielleicht in Alexandria erfundenen Technik gehören allesamt dem späten Hellenismus und der frühen Kaiserzeit an. Wie wichtig den Zeitgenossen während der gesamten Kaiserzeit der Besitz von schönen, mit Bildschmuck verzierten Trinkgefäßen, Vorlegeplatten und Speisegeschirr war, bezeugt die Terra-Sigillata-Produktion, derer sich weniger Bemittelte bedienen konnten. Sie ahmt Silbergerät in rötlichem Ton nach und wurde zunächst in verschiedenen Werkstätten in Italien, besonders um Arezzo (Abb. 50), später vor allem in Gallien und Nordafrika hergestellt.

Das römische Konzept des Wohnens mit vielen Bildern unterscheidet sich grundlegend von dem des griechischen Hauses, aber auch vom Wohnen in anderen Kulturen. Man denke nur an das japanische, das mittelalterliche oder das islamische Haus. Dabei ist nicht nur die Fülle der Bilder ausschlaggebend für die Eigenart römischen Wohnens. Auch die Funktion der Bilder, zu Lebensgenuß und Glücklichsein aufzufordern, war etwas Neues. Die von den Bildern evozierte «Überwelt» soll die Wirklichkeit der konkreten Lebenswelt nicht vergessen machen, sondern vielmehr in der Vorstellung positive Assoziationen schaffen, die Alltag und Fest bereichern und ebenso zur Lebenserfahrung werden wie die «Wirklichkeit».

Die strikte Trennung der beiden großen Bereiche der öffentlichen und der häuslichen Räume bedeutet nicht, daß es keine Verbindungen zwischen diesen beiden Welten gegeben hätte. Denn es war ja der Kaiser, der die Sicherheit und den Frieden garantierte und damit den Bürgern Wohlstand und eine positive Einstellung zum eigenen Leben erst ermöglichte. In diesem Sinne hängen die Reliefs der Ara Pacis und die Glücksvisionen der häuslichen Bilderwelt durchaus zusammen. Auch dringen, wie bereits erwähnt, Elemente der Kaiserkunst wie fliegende Viktorien, Waffen, die römische Wölfin, sogar gefesselte Barbaren und vieles andere mehr in die private Bilderwelt ein. Aber bezeichnenderweise geschieht dies fast immer an untergeordneten Stellen und nicht in thematisch hervorgehobenen Zusammenhängen. Die Kaiserkunst dient im Haus und, wie wir gleich sehen werden, am Grab gleichsam als Ornament, als Zitat, das nobilitiert, gelegentlich auch im übertragenen Sinn sprechend sein kann. Etwa, wenn die Victorien das Bild eines Toten auf dem Sarkophag präsentieren und damit auf sein erfolgreiches Leben hinweisen.

V

Grabdenkmal und bürgerliches Selbstverständnis

Zur Straße hin ausgerichtete Grabbauten unterschiedlichsten Anspruchs kommen, wie wir gesehen haben, erst in der späten Republik auf. Sie zeugen von dem Wunsch nach sozialer Anerkennung und Erinnerung über den Tod hinaus. Dieses Bedürfnis hatte sich weit über die Führungsschicht hinaus in kurzer Zeit in allen römischen Städten verbreitet. Treibende Kraft waren außer der konkurrierenden Führungsschicht die sozialen Aufsteiger, vor allem die Freigelassenen. Es war der Stolz auf die eigene Lebensleistung, auf den materiellen Erfolg – und bei den Freigelassenen natürlich nicht zuletzt auch auf das frisch erworbene Bürgerrecht. Man wollte zeigen, daß man zu denen gehörte, die es zu etwas gebracht hatten und deshalb einen Anspruch auf Erinnerung erheben konnten.

Memoria und Lebensleistung

Der gesellschaftliche Status der Grabherren ließ sich den Grabmonumenten zunächst ziemlich unmittelbar ablesen, denn die beiden wichtigsten Indikatoren waren überall dieselben: zum einen eine gute Lage, möglichst direkt an der Straße, so daß das Monument von vielen unmittelbar wahrgenommen werden konnte, zum anderen Größe, Form und Bildschmuck. Besonders verdiente Magistrate erhielten nicht selten einen Ehrenplatz nahe den Toren der Stadt. Die Reichen sicherten sich die besten Plätze direkt an der Straße, die Ärmeren mußten sich mit Reststücken oder mit einem Platz in den hinteren Reihen, die sich parallel zu den Straßen ausbildeten, zufrieden geben. In Rom waren die Unterschiede natürlich besonders ausgeprägt. Das

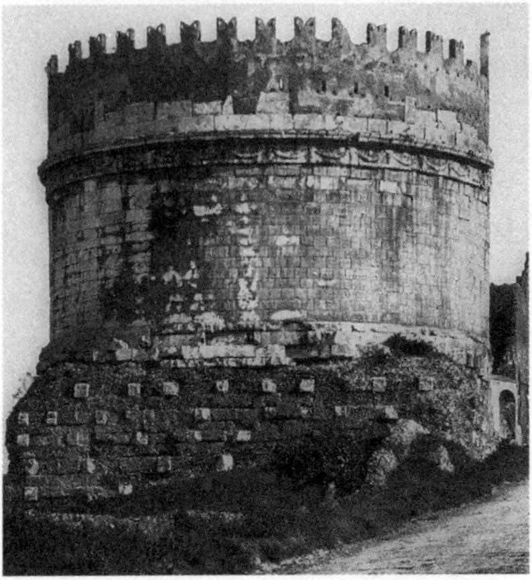

51 Grabmal der Caecilia Metella an der Via Appia in Rom

berühmte Rundgrab der Caecilia Metella (Abb. 51), die aus einer der vornehmsten Familien stammte, liegt an der Via Appia auf einer Anhöhe und ist auch heute noch von weitem sichtbar. Die Grabbauten der Freigelassenen aus den mittleren Schichten dagegen drängten sich wie kleine Reihenhäuser an Nebenstraßen aneinander. Der vermögende Großbäcker Eurysakes wiederum konnte sein Monument, für das er sinnigerweise die Form eines Getreidespeichers gewählt hatte, sogar an einer Straßenkreuzung errichten (Abb. 52a). Auf einem langen Fries ließ er ausführlich die effektiven Produktionsmethoden und den Umfang seines Geschäftes darstellen (Abb. 52b).

In den römischen Städten Italiens und in den westlichen Provinzen erfreute sich der Grabtypus der Ädikula in der späten Republik und frühen Kaiserzeit besonderer Beliebtheit: Auf einem hohen Sockel steht ein kleines Tempelchen, zwischen oder hinter dessen Säulen die Statuen des Grabherrn und seiner Familie wie Heroen- oder Ehrenstatuen ausgestellt sind. Ein schönes Beispiel dafür ist das über 14 m hohe Grabmal des Lucius Poblicius in Köln. Es stand an der Straße von Köln nach Bonn und wurde von den Erben des Veteranen Poblicius errichtet. In der Ädikula standen die Statuen des Grabherrn, seiner Frau und seiner beiden Kinder (Abb. 54).

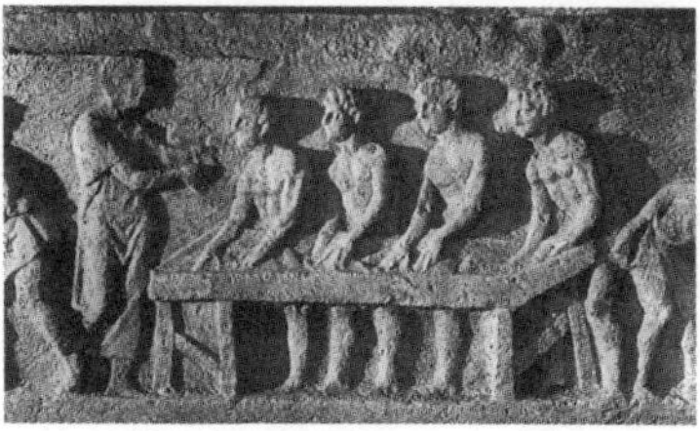

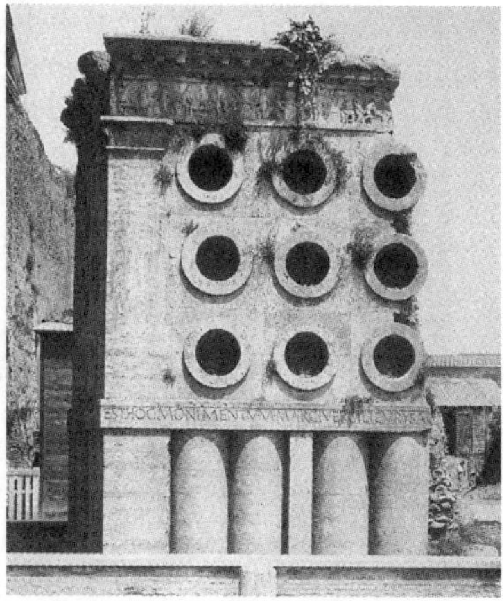

52a (rechts) Grabmal des Großbäckers Eurysakes vor der Porta Maggiore in Rom, um 20–10 v. Chr.
52b (oben) Detail des Frieses: Szene aus der Bäckerei

Das eigene Bildnis stellte für die meisten Zeitgenossen damals ein besonders wichtiges Element der Grabrepräsentation dar. Man findet solche Bildnisse in allen Größen und Preisklassen. Von der Bedeutung des Individualporträts in der Grabkunst war oben schon die Rede (S. 41). Für den großen Anklang, den diese Repräsentationsform gefunden hatte, spielte das Modell der vielen Bildnisstatuen der Führungsschicht und deren Allgegenwart im öffentlichen Raum eine entscheidende Rolle. Grabdenkmäler stellten in dieser Zeit für die wohlhabenden Bürger ohne Amt und von niederem sozialem Rang auch einen Ersatz für die den meisten von ihnen versagten öffentlichen Ehrungen dar. Der Vielfalt der individuell gestalteten Gesichter steht die Gleichförmigkeit der Körpertypen gegenüber. Die Männer sind fast ausnahmslos mit der Toga, die Frauen zumindest auf den qualitiv besseren

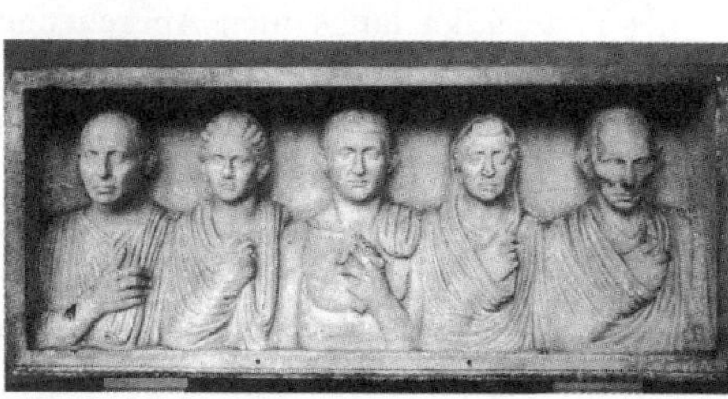

53 Einst an der Fassade eines Grabes eingemauertes Relief mit Familien-Mitgliedern. Kopenhagen, Ny Carlsberg Glyptotek

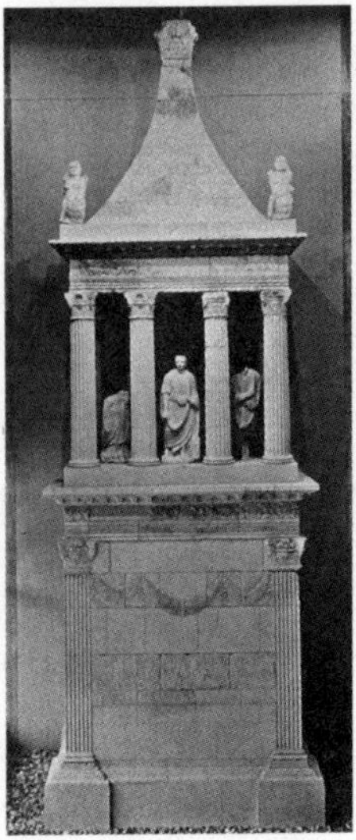

54 Köln, Grabmonument des Lucius Publicius

Reliefs und Statuen im Stil weltläufiger Damen mit Untergewand und Mantel bekleidet und tragen zum Teil komplizierte Zopffrisuren, wobei die verheirateten Frauen den Kopf mit dem Mantel oder einer Art Schärpe bedeckt halten.

In dieser Zeit stellte die Toga als Ausweis des Bürgerrechts noch eine Auszeichnung, vor allem für die Freigelassenen, dar. In der frühen Kaiserzeit lassen sich selbst die in den römischen Städten der Provinzen seßhaft gewordenen Veteranen in der Toga darstellen, während die Legionäre sonst als Soldaten in ihrer Ausrüstung auftreten. Die aktiven Angehörigen des Heeres nahmen auch auf den spätrepublikanischen und frühkaiserzeitlichen Kastengrabreliefs in Rom eine Sonderstellung ein: Sie erhielten den Ehrenplatz in der Mitte, der sonst den Greisen zukam, und wurden nicht selten in hellenistischer Tradition «heroisch» mit nacktem Oberkörper und vorschriftsmäßig gehaltenem Schwert gezeigt (Abb. 53).

Abwendung von der Öffentlichkeit

In Rom und in anderen italischen Städten, von denen wir größere kaiserzeitliche Nekropolen kennen, also Pompeji, Ostia oder Pozzuoli, ist bereits seit der frühen Kaiserzeit ein eigenartiger Prozeß der langsamen Abgrenzung und Abschließung der Grabbezirke von der Straße zu beobachten. Er ist mit unterschiedlichen neuen Grabformen verbunden. Gemeinsam ist allen, daß sie sich primär nur noch an einen kleinen Sektor der Gesellschaft wenden. Waren Architektur und Bildschmuck bisher fast ausschließlich nach außen auf die Straßenpassanten hin gerichtet, so entfalten sie sich jetzt überwiegend hinter den Mauern der Grabbezirke. Der zeitliche Verlauf des Prozesses der Abwendung von der Straße und die dabei entwickelten Formen sind unterschiedlich, auch sind die Provinzen davon weniger, zum Teil gar nicht betroffen. Man denke nur an die Igeler Säule, das 23 m hohe, mit Reliefs überzogene Monument der Secundii im Trierer Land aus dem 2. Jahrhundert n. Chr. (Abb. 65).

In Rom waren vermutlich vor allem zwei Faktoren für die Veränderungen ausschlaggebend. Zum einen das Bedürfnis von immer mehr Bürgern, sich einen Grabplatz und ein Andenken – und sei es nur durch eine Inschrift mit ihrem Namen – zu sichern, also Platzmangel, zum anderen der Zerfall der Bürgerschaft in einzelne kleine Segmente, der vor allem in den Großstädten stattfand. Man hatte hier weniger die gesamte Bürgerschaft als vielmehr primär die, mit denen man gelebt hatte und von denen man ein Andenken erhoffen konnte, im Blick. Dieses Phänomen scheint vielschichtig zu sein und hängt mit einer allgemeinen Mentalitätsveränderung zusammen. Einerseits spielen sicher die Massengesellschaft und die Verfestigung der Schichtenzugehörigkeit aufgrund des Abflauens der allgemeinen Konkurrenz eine Rolle. Andererseits aber kann man einen zuvor nicht gekannten Gefühlskult beobachten, der vor allem in den mythologischen Allegorien zum Ausdruck kommt. Die Sprache der Bilder wird intimer und erfordert gleichsam einen abgeschlosseneren Raum.

Den Anfang der Abwendung von der Öffentlichkeit finden wir bereits in augusteischer Zeit bei den Freigelassenen der großen Familien und vor allem des Kaiserhauses mit ihren Gemeinschaftsgrabkammern (Abb. 55). Die Wände der meist unterirdischen Räume dieser Grabanlagen waren bis zur Decke hin zum Teil mit hunderten von taubenschlagartigen Nischen (daher der Name *columbaria)* versehen, in denen die Urnen aufgestellt werden konnten, die zum Teil aus Marmor gearbeitet und überaus kunstvoll verziert waren. Diese neue, sehr viel ökonomischere Grabform verband sich vor allem bei den kaiserlichen Freigelassenen mit dem Stolz der Zugehörigkeit zu einer privilegierten Gruppe. Bald wurden solche Gemeinschaftsgräber allgemein üblich, in der Regel als Grabanlagen einer *familia* oder eines Begräbnisvereins. Denn es gehörte zu den moralischen

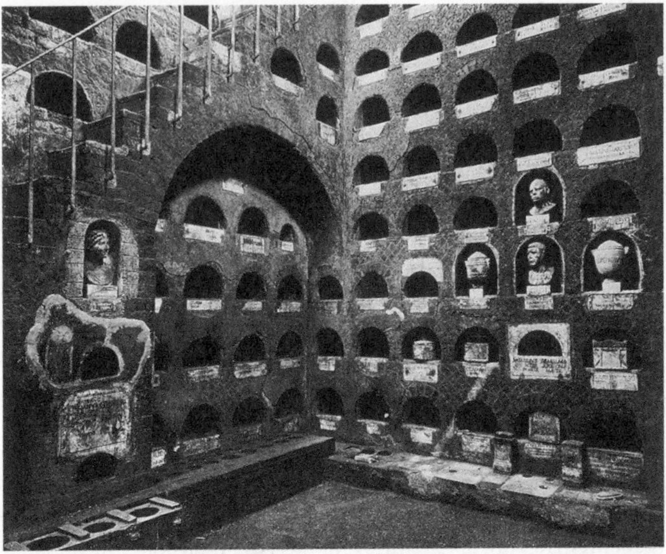

55 Rom, Columbarium von Freigelassenen des Kaiserhauses

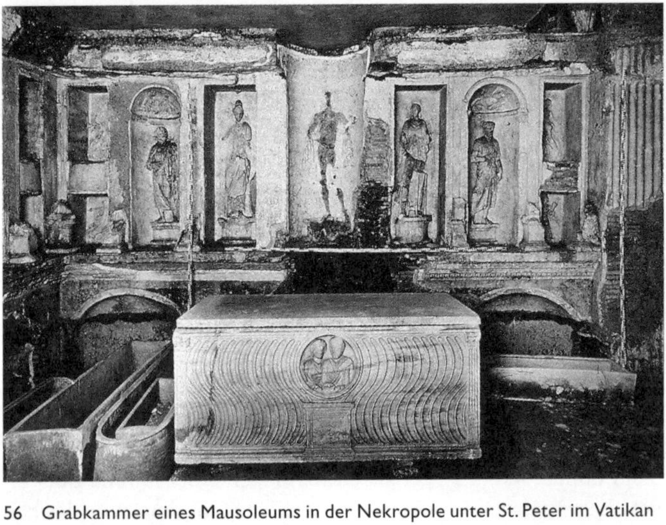

56 Grabkammer eines Mausoleums in der Nekropole unter St. Peter im Vatikan

Pflichten eines *patronus*, der über die entsprechenden Mittel verfügte, für einen Grabplatz für seine Sklaven und oft auch für seine Freigelassenen zu sorgen. So kam es zu dem Brauch, Grabbezirke anzulegen, die der ganzen *familia* Platz boten, allerdings in strenger hierarchischer Abstufung. Für den Grabherrn und seine unmittelbaren Angehörigen war die eigentliche Grabkammer reserviert (Abb. 56). Die Freigelassenen und Sklaven dagegen konnten oft lediglich mit einem einfachen Grabplatz im Garten oder in Vorräumen rechnen. In den gleichförmig aneinander gereihten Grabanlagen des 2. Jahrhunderts n. Chr., die man unter Sankt Peter und in Ostia gefunden hat, wurden die Leichen des Personals oft in mehreren Lagen über- bzw. untereinander unter dem Fußboden beigesetzt, ohne daß auch nur eine Inschrift an sie erinnert hätte.

Größe und Aufwand der Gräber und Grabbezirke spiegelte natürlich auch in der hohen Kaiserzeit den Wohlstand der Verstorbenen wider: Es gab Grabtempel mit Statuenschmuck und großem Grabgarten, aber auch einfachere Grabhäuser, vor denen gelegentlich die Unterlagen für Matratzen aufgemauert waren, damit die Angehörigen das Totenmahl an den Gedenktagen in unmittelbarer Nähe der Verstorbenen feiern konnten. Die Gräber der Ärmeren konnten durch eine einfache Stele gekennzeichnet sein. Die ganz Armen wurden ohne oder mit schnell vergänglichen Erinnerungszeichen beigesetzt, oft in einem Massengrab oder an einem usurpierten Platz zwischen den Gräbern der Bessergestellten.

Trauer, Trost und Lebensfreude: Die Bilderwelt der Sarkophage

Mit der Abwendung von der Öffentlichkeit begann sich das Interesse ganz der Ausstattung im Innern des Grabbezirks, vor allem in den Grabkammern, zuzuwenden. Die Wände wurden bemalt, die Decken stuckiert, auf den Fußböden Mosaiken ausgelegt. Die Ikonographie der Bilder in den Grabkammern unterscheidet sich nicht grundsätzlich von denen in den Häusern. Das braucht nicht zu verwundern. Hier und dort geht es ja um dieselben Werte. Die Vielfalt der Themen läßt sich am besten an den Reliefs der marmornen Sarkophage studieren, wie sie seit dem frühen 2. Jahrhundert n. Chr. beliebt wurden. Wie in den Häusern beherrschen auch am Grab die Mythenbilder das Feld. Es entspricht der Abwendung von der Öffentlichkeit, daß die dabei ausgewählten mythischen Situationen oft auf die Angehörigen am Grab bezogen sind und sich primär an Gefühle und Stimmungen der einzelnen wenden. Unter den Mythen, die von Tod, Trauer und Trost sprechen, war die Liebe der Mondgöttin zu Endymion besonders beliebt (Abb. 57). Selene/Luna erbittet für ihren Geliebten ewige Jugend. Zeus gewährt sie, versenkt den schönen Hirten aber gleichzeitig in einer Felsengrotte in ewigen Schlaf. Die Göttin besucht ihn dort jede Nacht. Das Bild konnte wie alle Mythenbilder unterschiedliche Assoziationen aufrufen. Man konnte sich der ewigen Dauer der eigenen Liebe versichern, konnte die Verstorbenen als jugendlich schön im Gedächtnis behalten, sich vielleicht sogar Begegnungen mit ihnen im Traum vorstellen. Die beliebtesten Liebesgeschichten des Mythos wie die von Venus und Adonis, Meleager und Atalante, Admet und Alkestis boten sich bei solch allegorischem Verständnis als Grabschmuck an, zeigten doch auch sie Liebe im Blick auf Abschied und Tod.

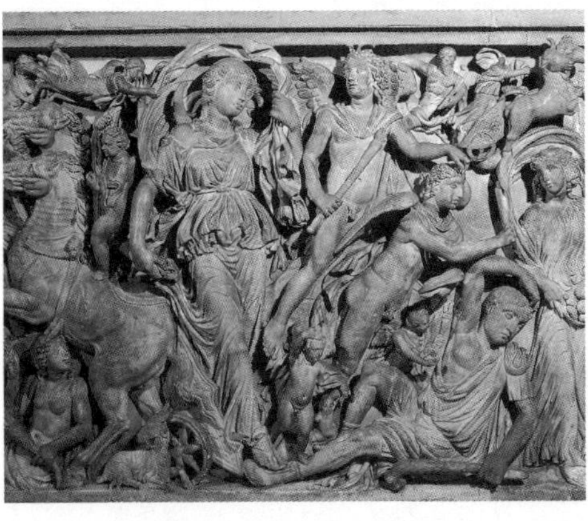

57 Die Mondgöttin Selene besucht ihren Geliebten Endymion. Detail eines Prachtsarkophages, um 240 n. Chr. Rom, Palazzo Doria

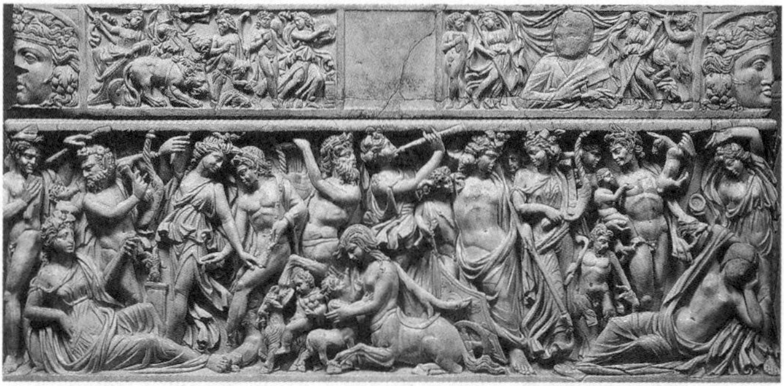

58 Sarkophag mit Dionysos und seinem Thiasos. Paris, Louvre

Die weitaus größte Zahl der Sarkophagreliefs und der Dekorationen der Grabkammern war indes ganz anderer Art. Was die Grabherren von Anfang an am liebsten sehen wollten, waren zum einen die Gestalten des dionysischen Thiasos, zum andern die nackten Nereiden mit ihren Liebhabern, den zwittergestaltigen Meerwesen. Letztere werben um die Liebe der schönen Meerfrauen, tragen sie auf ihren Rücken und bedienen sie. Sind es in diesem Fall erotische Konnotationen, so sind die Satyrn und Mänaden als Inbegriff der Lebenslust und Festesfreude dargestellt. Sie tanzen und musizieren, geleiten den trunkenen Dionysos zur schlafenden Ariadne oder kehren mit ihm im Triumph aus Indien zurück (Abb. 58). Dionysos befreit die Menschen mit seinem Wein von Sorgen und von der Enge des täglichen Lebens. Deshalb sind auch die Betrunkenen in seinem Zug als positive Gestalten zu verstehen, sein Freund Herakles, die Satyrn und der alte Papposilen, der auf seinem Maultier gehalten werden muß, damit er nicht herunterfällt; Bilder der Lebensfreude und des Lebensgenusses also nicht nur im Haus, sondern auch am Grab.

Wie sind diese Bilder der Lebensfreude am Grab zu verstehen? Es scheint, als wollte man sich gerade angesichts des Todes gegenseitig versichern, daß man das Leben, so wie es nun einmal ist, als schön und lebenswert erfahren soll, ganz im Sinne jenes *carpe diem*: Nutze die Zeit, die du noch hast; genieße deine Tage, so gut es geht; mache aus jedem Tag ein kleines Fest, ge-

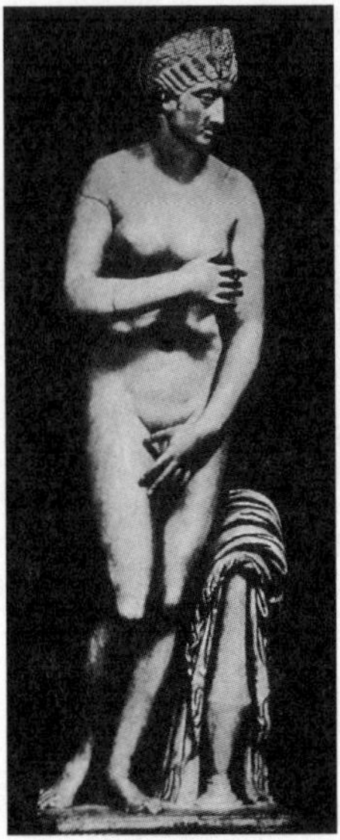

59 Grabstatue einer Matrone im Typus der capitolinischen Venus, 2. Jh. n. Chr. Neapel, Museo Nazionale

rade angesichts des Todes und im Hinblick auf diesen. Viele Inschriften zeugen von einer solchen Einstellung. Diese schließt keineswegs aus, daß viele von denen, die diese «pagane» Grundhaltung teilten, sich gleichzeitig eine Existenz nach dem Tod vorzustellen vermochten. Freilich nicht im Sinne einer christlichen Glaubensgewißheit, sondern eher in Form alter mythisch-poetischer Bilder. Gerade an der Grenze zwischen Leben und Tod versichert sich die Gesellschaft auf eine fast trotzige Weise ihrer auf Lebensfreude hin ausgerichteten Werte.

Das Weiterleben der Toten wurde auch in dieser nach innen gewandten Grabkultur ganz wesentlich als ein Weiterleben im Gedächtnis der Lebenden verstanden. Doch was ist aus dem einst so wichtigen Bedürfnis nach Selbstdarstellung geworden? Die allegorische Sprache schloß das Lob der Toten und ihrer Tugenden mit ein. Denn wenn die Bilder von Liebe und Heldentum der Götter und Heroen erzählten, bezog sich dies ja primär auf die Verstorbenen. Häufig wurde dieser Bezug sogar in einer für den modernen Betrachter höchst befremdlichen Weise dadurch verdeutlicht, daß man die mythischen Protagonisten mittels eines Porträts direkt auf den oder die Verstorbenen bezog, deren Überreste im Sarkophag lagen. Im Falle eines mythischen Liebespaares wie Endymion und Luna wurde oft nicht nur der Verstorbene, sondern auch sein überlebender Ehepartner mit einem Porträt verewigt (Abb. 57). Es handelt sich bei diesen Identifikationen also nicht um eine irgendwie geartete Andeutung von «Vergöttlichung», wie man vermutet hat, sondern um eine Art von Grabpoesie in Bildern. «Die Verstorbenen liebten sich wie Luna und Endymion», hätte man in einem Grabgedicht gesagt. Oder: «Der Verstorbene war stark, lebenstüchtig und unerschrocken wie Meleager», den man auf zahlreichen Sarkophagen als Beispiel für männliche *virtus* abgebildet findet. Wenn man das in unserer prosaischen Zeit als übertrieben empfindet, braucht man nur zu Gedichten der Barockzeit zu greifen, um zu sehen, wie selbstverständlich auch damals solche hochgreifenden mythologischen Vergleiche waren.

Die Verewigung der Toten in Bildnissen war ein wesentliches Mittel bei der «Trauerarbeit». Oft wurden die Verstorbenen während der Kaiserzeit auch in und an den Gräbern durch Porträtstatuen und Büsten im Gedächtnis gehalten. Aber während früher das Bürgergewand das Feld völlig beherrschte, bereicherten jetzt Porträtstatuen mit Götter- und Heroenkörpern das Bild. Vor allem die verstorbenen Frauen ehrte man gerne in dieser Form, was für unsere Augen vor allem bei der Verbindung eines nackten Venuskörpers mit dem Bildnis einer älteren Matrone Befremden hervorrufen mag (Abb. 59). Auch hier haben wir es wie bei den Sarkophagreliefs mit allegorischen Zuschreibungen vorbildlicher Eigenschaften zu tun. Ein Venuskörper steht für Schönheit und Liebreiz, ein Heraklestypus für Bewährung in allen Lebenslagen. Es gab Ehemänner, die Tugenden ihrer verstorbenen Frauen gleich in mehreren Statuen mit unterschiedlichen Göttinnenkörpern, darunter auch Personifikationen wie *Concordia, Spes* (Hoffnung, Zuversicht), *Fortuna,* bekunden und sich selbst als untröstlich verewigen wollten. Solche Statuen mit Götterkörpern gehen vermutlich auf Ehrenstatuen zurück, die schon in der frühen Kaiserzeit für Mitglieder des Herrscherhauses errichtet worden waren.

Es ist erstaunlich, wie selten in den Grabkammern jetzt das Leben und die Leistungen der Toten für Gesellschaft und Familie thematisiert wurden. Seit dem späteren 2. Jahrhundert ändert sich das, allerdings nur bei einer relativ kleinen Zahl von Sarkophagen, in der Regel solchen von besonderer Qualität. Zur Zeit der Markomannenkriege des Kaisers Marc Aurel (161–180 n. Chr.) kommen Sarkophage mit Darstellungen einer Barbarenschlacht sowie von Höhepunkten eines Feldherrnlebens auf. Auf letzteren werden Rollen und Tugenden eines römischen Gene-

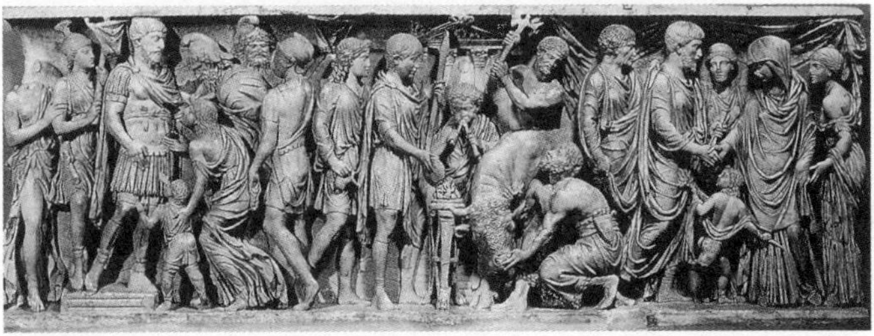

60 Sarkophag mit Szenen aus dem Leben eines Feldherrn. Florenz, Uffizien

rals, der die Bildniszüge des Verstorbenen trägt, in festen Bildtypen und ritueller Abfolge dargestellt (Opfer, Kampf, Umgang mit Unterworfenen, Abb. 60). Ikonographie und Gehalt dieser Szenen gehen auf Monumente der Kaiserkunst zurück. Lediglich eine Szene paßt nicht in dieses Bild: Die Darstellung des Feldherrn mit seiner Ehefrau, wobei die beiden als Zeichen ihrer Eintracht und Verbundenheit im Händedruck miteinander verbunden sind, ein Kürzel für Ordnung und Frieden im Haus. Diese Szene wird später auf zahlreichen Sarkophagen ohne die militärischen Szenen wiederholt und auf diese Weise für alle Bürger verwendbar. Die Reliefs mit Darstellungen eines Sieges der Römer über die Barbaren könnten angesichts der in der 2. Hälfte des 2. Jahrhunderts neu auflebenden Barbarenbedrohung von hohen Militärs in Umlauf gesetzt worden sein. So sehr gerade diese Sarkophage solche Bilder unseren traditionellen Vorstellungen von Römertum entsprechen mögen, so sind sie doch ähnlich wie die späteren «Senatorensarkophage» aufs Ganze gesehen selten. Offenbar waren vor allem Angehörige der Führungsschicht an solchen staatstragenden Rollenbildern interessiert.

Im Laufe der ersten Hälfte des 3. Jahrhunderts verändern sich die Bilder am Grab, und die für die frühe und mittlere Kaiserzeit so charakteristische und bedeutungsvolle einheitliche Bildsprache von Haus und Grab zerbricht. Bevor wir auf diese Veränderungen zu sprechen kommen, müssen wir jedoch wenigsten einen kurzen Blick auf die Situation außerhalb Roms und Italiens richten.

VI

Rom und das Reich

Vielfalt der Kulturen

Die kulturellen Traditionen der dem Imperium Romanum einverleibten Völker waren sehr unterschiedlicher Art. Den «barbarischen» Stammeskulturen im Westen und Norden standen die uralten Kulturen Ägyptens und des Vorderen Orients, vor allem aber der Griechenstädte des Mutterlandes, Kleinasiens und der Magna Graecia gegenüber. Der große Erfolg des römischen Herrschaftssystems lag ganz wesentlich im Belassen der überkommenen politischen und sozialen Strukturen und in der Achtung der jeweiligen kulturellen Traditionen der ins Reich Integrierten und Beherrschten. Es gab keinerlei Versuche von Rom aus, so etwas wie kulturelle Vereinheitlichungen herbeizuführen. Wo es zu Angleichungen und Übernahmen kam, ging die Initiative von den jeweiligen Führungsschichten aus, die ihre Rollen in der Selbstverwaltung der Städte und Stämme weiter ausüben konnten. Zu diesen gehörten nicht nur die Verwaltung und die Wohltätigkeit als Stifter und Bauherren öffentlicher Gebäude und deren Ausstattung, sondern auch die guten Kontakte nach Rom, zum Kaiser und zu seiner Verwaltung. Den jeweiligen Führungsschichten fielen alle die Aufgaben zu, die der Kaiser in Rom wahrnahm. Die gemeinsame Zugehörigkeit zum Reich, Wohlstand und Verkehr schufen Konkurrenzsituationen zwischen den Städten und Provinzen und führten im 2. und 3. Jahrhundert n. Chr. zu einer großen kulturellen Blüte vor allem der Städte des griechischen Ostens und Nordafrikas. Von ihr legen die Ruinen der glänzenden Repräsentationsbauten mit ihrem Bildschmuck und ihren Statuen in Städten wie Leptis Magna, Palmyra, Ephesos, Pergamon oder Aphrodisias noch heute beredtes Zeugnis ab.

Wenn wir uns einen Reisenden vorstellen, der um 200 n. Chr. die wichtigsten Städte in den verschiedenen Provinzen des Reiches besucht und sich dabei Gedanken über die unterschiedlichen Erscheinungsformen der Städte gemacht hätte, so wäre ihm zunächst ein grundsätzlicher Unterschied zwischen dem lateinischen Westen und dem griechischen Osten aufgefallen. Die Provinzen im Norden, Westen und in Nordafrika waren trotz regionaler Besonderheiten eindeutig von Rom geprägt. Das gilt für das gesamte kulturelle Profil, für die öffentlichen Bauten, die privaten Häuser und die technische Infrastruktur ebenso wie für die Bilderwelt. Die römischen Koloniegründungen der frühen Kaiserzeit hatten bei diesem «kulturellen Export» eine wesentliche Rolle gespielt. Im griechischen Osten dagegen lebte die hellenistische Kultur ungebrochen weiter. Auch die wenigen römischen Koloniegründungen im Osten änderten daran kaum etwas, ja sie unterlagen wie das als römische Kolonie neu gegründete Korinth ihrerseits einer starken Hellenisierung. Die Griechenstädte unterschieden sich in ihren öffentlichen Gebäuden erheblich von einer römischen Stadt im Westen. Hier lagen die ältesten Tempel in eigenen heiligen Bezirken, nicht am Forum wie in den Römerstädten. Die griechische Agora dagegen war ein weiter, von Säulenhallen umgrenzter Raum, der primär der Begegnung der Bürger diente. Es gab in den Griechenstädten, von wenigen Ausnahmen abgesehen, kein Amphitheater, das für die Römer eine so zentrale Einrichtung war, statt dessen fand man große Theater und Stadien. Das Gymnasium, das als Ort der Erziehung und des intellektuellen Lebens einen Inbegriff griechischer Identität darstellte, wurde im römischen Westen nie heimisch. Umgekehrt verhält es sich mit den Thermen, die sich im Osten nur als Teil der Gymnasien verbreiteten.

Als sehr resistent gegenüber Neuerungen erwiesen sich religiöse Traditionen und die mit diesen verbundenen Bilder sowie der Grabkult bzw. die Grabrepräsentation, auf die wir unten etwas ausführlicher eingehen wollen. Besonders gilt dies für die Völker an den Rändern des Imperiums. In Ägypten blieb für die Einheimischen wie schon unter den ptolemäischen Königen alles beim Alten, ja ägyptische Tempel mit ihrer Bilderwelt wurden dank des Isiskultes in viele Städte des Reiches importiert. Zeitweise kam es in Rom selbst sogar zu einer modischen «Ägyptomanie». Die ägyptische Kultur ist in ihrer Beharrlichkeit einzigartig. In Syrien zum Beispiel bestimmen griechische und griechisch-römische Architekturmodelle weitgehend die Grundformen der Heiligtümer. Die eigenen Kulttraditionen wirken sich dagegen auf die für die kultischen Abläufe bestimmenden Innenräume – etwa in der Ausgestaltung eines «Allerheiligsten» in der Cella –, vor allem aber in den einfacheren Weihegaben aus, auf denen sich die ursprünglichen Gestalten der Gottheiten am ehesten erhalten konnten (Palmyra und Baalbek).

Am wenigsten mögen Unterschiede zwischen dem Osten und dem Westen – wenn man wieder von den Randgebieten in Syrien, Arabien und Ägypten absieht – in der Ausstattungskunst öffentlicher Bauten und in den kaiserzeitlichen Häusern und Villen der Oberschicht ins Auge gefallen sein. In den Thermen, Theatern oder Brunnen bediente man sich in Ost und West derselben klassischen Bildnistypen, der griechischen Idealstatuen, also der «Kopistenkunst», die, wie wir gesehen haben, als Ausdruck kultureller Werte und zur Darstellung von Gottheiten und Personifikationen fungierte. Auch der Wohnstil und die private Bilderwelt der Oberschicht scheinen in Ost und West verhältnismäßig einheitlich gewesen zu sein. Dafür sprechen zumindest die zahlreich erhaltenen, von mythologischen Themen beherrschten Bodenmosaiken. Der Bereich, in dem unserem imaginären Reisenden die Einheitlichkeit der Bildersprache besonders aufgefallen wäre, war die Kaiserkunst und die statuarische Selbstdarstellung der Oberschicht.

Herrscherkult und Kaiserbild

Herrscherverehrung und Herrscherkult setzten sich schon unter Augustus im ganzen Reich durch, wenn auch in regional zum Teil recht unterschiedlichen Formen. Im Osten und Westen wurde der Kaiserkult gerne mit dem der lokalen Hauptgottheiten verbunden. In den römischen Koloniestädten verband man ihn oft mit dem Kult für die kapitolinische Trias, Jupiter, Juno und

Minerva, womit zugleich die unmittelbare Verbindung mit Rom angezeigt wurde. Größe der Tempel und Altäre sowie ihre Ausgestaltung mit Bildschmuck hingen nicht nur von den Mitteln, sondern auch vom Engagement der einzelnen Städte ab. Dem griechischen Osten war die kultische Herrscherverehrung seit langem durch den Kult der hellenistischen Könige vertraut. Der Kaiserkult wurde dort als eine selbstverständliche Form der Dankesbezeugung verstanden. Seine Bedeutung wuchs nicht zuletzt dank der von Rom gewährten (oder vorenthaltenen) Privilegien. Die eindrucksvollsten Heiligtümer und Altäre entstanden dort, wo Provinzen oder Stämme zentrale, überregionale Herrscherkulte eingerichtet hatten, so im gallischen Lugdunum (Lyon) oder im spanischen Tarracco (Tarragona). Im Osten taten sich vor allem die Städte hervor, die um die von Rom verliehene besondere Auszeichnung als privilegierte Kaiserkultstätte konkurrierten (Neokoria). In den so ausgezeichneten Städten sind die aufwendigsten Heiligtümer entstanden. In Pergamon übertrumpfte der in römischer Manier auf hohe Substruktionen gesetzte Podiumstempel, das sogenannte Traianeum, die Terrassen der hellenistischen Königstadt. Dank der Rekonstruktion eines Teils der Tempelfassade durch deutsche Archäologen kann man heute eine Vorstellung von der überaus eindrucksvollen Fernwirkung gewinnen. Die Monumente aus der Zeit der Königsherrschaft wurden durch den Kaisertempel entschieden auf den zweiten Platz verwiesen. Das mehrfach ausgezeichnete Ephesos hatte bereits eine Generation früher unter Domitian (81–96 n. Chr.) einen riesigen Tempel für den Kaiserkult über dem «Staatsmarkt» errichtet. Es fällt auf, daß diese aufwendigen Bauten in beiden Fällen nicht in das Leben in den Städten integriert waren. Jedes Kaiserheiligtum war mit reichem Bilderschmuck ausgestattet, durch den die schlagwortartigen Manifeste der Kaiserkunst verbreitet wurden.

Die Statuen der Herrscher standen als Kultbilder oft zusammen mit den Göttern der Stadt in den Tempeln. Im «Traianeum» von Pergamon stellte man die etwa fünf Meter hohe Panzerstatue Traians zusammen mit einer entsprechend großen Sitzstatue des Zeus Philios auf. Beide sind auf einer pergamenischen

Münze überliefert, die diese Bekundung der Freundschaft und Reverenz zu Rom überall verkündete (Abb. 61). Dazu kam noch eine ebenfalls kolossale Panzerstatue Hadrians, unter dem der Tempel eingeweiht worden war. Diese Statuen waren aus verschiedenen Materialien gefertigt und mit einem Holzgerüst montiert. Wie bei den alten Kultbildern bestanden nur die nackten Körperteile aus Marmor.

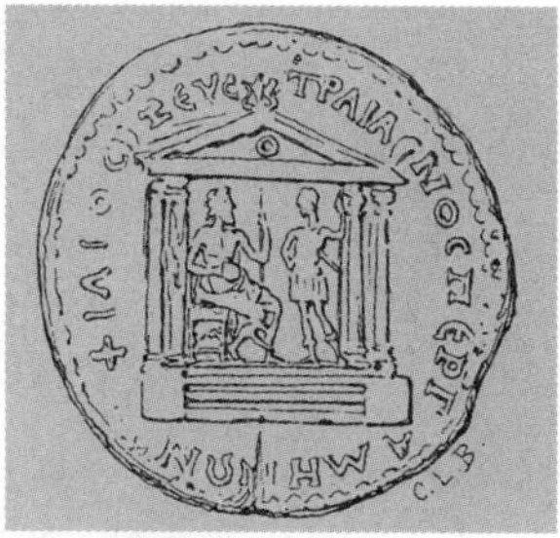

61 Pergamenische Münze aus der Zeit Traians (98–117 n. Chr.) mit Darstellung des neuen Kaisertempels

Eine besonders aufwendige Bildausstattung hat man im Kultbezirk für die Kaiser in Aphrodisias (Karien) gefunden, wo die Außenwand der langgezogenen Säulenhallen in zwei übereinanderliegenden Serien von Reliefs geschmückt war (Abb. 62). Die obere Serie bestand aus Darstellungen des Kaisers, seiner Taten (Abb. 63) und seiner Angehörigen, die untere aus Darstellungen von griechischen Götter- und Heldenmythen. Auch Personifika-

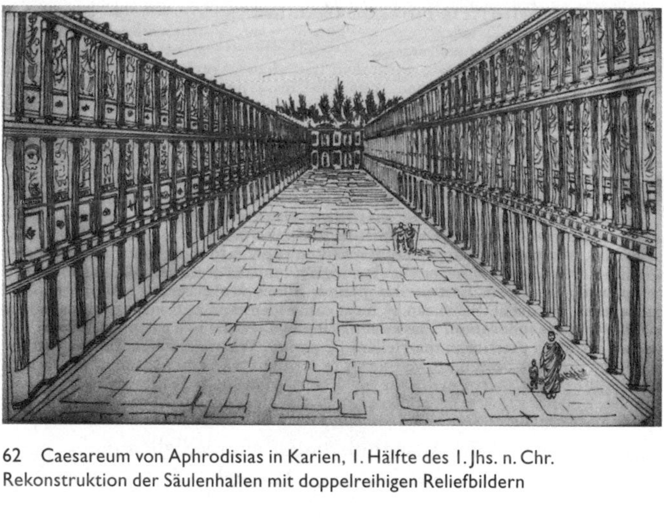

62 Caesareum von Aphrodisias in Karien, 1. Hälfte des 1. Jhs. n. Chr. Rekonstruktion der Säulenhallen mit doppelreihigen Reliefbildern

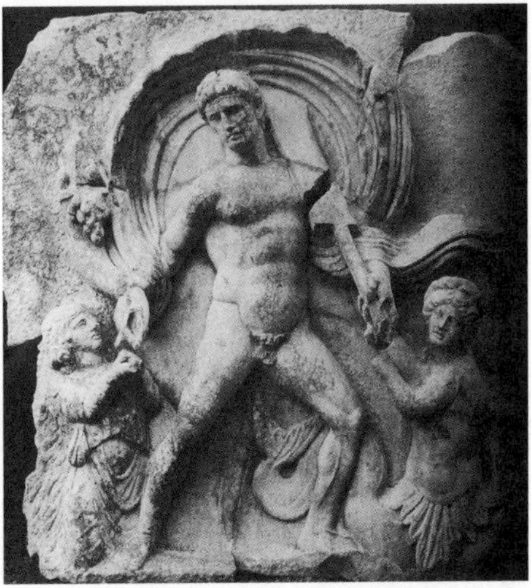
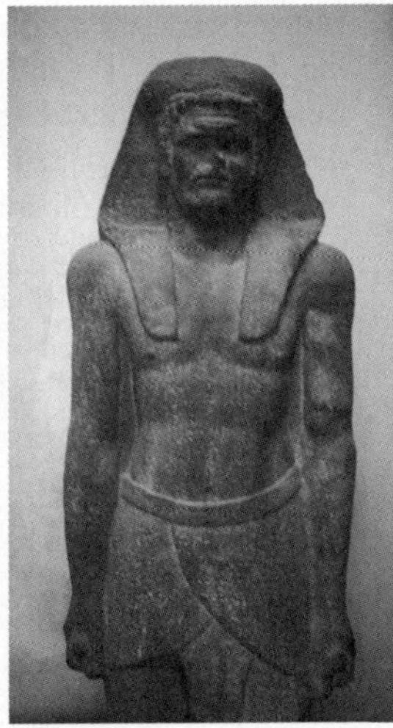

63 (links) Relief aus einer der Schauwände des Kaiserkultbezirks von Aphrodisias. Aphrodisias, Museum
64 (rechts) Kaiser Caracalla (211–217 n. Chr.) als Pharao. Alexandria, Museum

tionen von Provinzen wurden gezeigt. Es scheint sich bei dieser überdimensionierten Pinakothek um eine ausgesprochen griechische Form der Ehrung gehandelt zu haben: Der Kaiser, seine Familie und seine Taten wurden auf diese Weise als eine Fortsetzung des alten Göttermythos präsentiert, mit dieser Ehrung aber gleichzeitig auch in die eigenen religiösen Traditionen eingegliedert. In allen diesen Fällen waren es nicht die Kaiser selbst, die sich in Szene setzten; sondern die Honoratioren der Städte bekannten sich mit solchen machtvollen Bauten zu Kaiser und Imperium, gleichzeitig aber auch zu ihren eigenen Traditionen.

Während es, was die religiöse Einbindung des Kaiserkultes in die jeweiligen Formen und Gewohnheiten anlangt, zu sehr unterschiedlichen Lösungen kam, hielt man sich bei den Kaiserstatuen und ihrer Ikonographie weitgehend an die von Rom in Umlauf gesetzten Modelle, und zwar für Körperschema und Bildnistypen gleichermaßen. Eine Ausnahme findet man lediglich in Ägypten. Dort war die alte Vorstellung vom Herrscher bei den Einheimischen so tief verwurzelt und von dem jahrtausendealten Pharaonenbild bestimmt, daß man den römischen Kaiser wie schon die ptolemäischen Könige einfach in dessen Gestalt schlüpfen ließ, wobei nicht selten ein altägyptischer Körper mit dem realistischen Bildnis des Kaisers verbunden wurde (Abb. 64).

Wir haben bereits gesehen, daß die vom Kaiserhaus approbierten Bildnisse durch Kopien oder Gipsabgüsse verbreitet wurden und daß dies allem Anschein nach nicht durch eine staatlich gelenkte Institution, sondern durch die Kommunikation der Werkstätten untereinander, durch den «Kunsthandel» und durch die Vermittlung der mit Rom in direkter Verbindung stehenden Auftraggeber erfolgte. Die in den unterschiedlichen Provinzen zu beobachtenden Abweichungen von den so verbreiteten offiziellen Bildnistypen sind gelegentlich erheblich. Das kann am Qualitätsniveau des Bildhauers, an lokalen Stiltraditionen oder aber auch an spezifischen Wünschen und Vorstellungen der Auftraggeber liegen. So findet man etwa in Kleinasien Umformungen unter Verwendung hellenistischer Pathosformeln, während in Griechenland häufig Tendenzen zur Unterdrückung individueller Gesichtszüge zugunsten idealerer Formen zu beobachten sind. Die Funktion als Kultbild in Heiligtümern erforderte im Osten wie im Westen das kolossale Format, das als solches Veränderungen im Sinne eines hieratischen Ausdrucks förderte.

Was die Selbstdarstellung der Führungsschichten angeht, versteht es sich von selbst, daß den führenden Familien einer Stadt daran liegen mußte, in der Öffentlichkeit und entsprechend auch in ihren Ehrenstatuen als souverän und weltläufig aufzutreten. Kam es doch darauf an zu zeigen, daß man über weitreichende Beziehungen und Einfluß an höchster Stelle verfügte. Habitus und Mode aber wurden in Rom geprägt, zumindest aber von dort aus verbreitet. Nicht, daß jede Neuerung vom Kaiserhaus ausgegangen wäre, aber die Bildnisse und Statuen des Herrscherhauses dienten als ein überaus effektives Medium der Kommunikation, denn sie vor allem sorgten für eine schnelle Verbreitung der modischen Neuheiten überall in den Städten des Reiches. Dadurch wuchs ihnen eine von der politischen unabhängige zusätzliche Bedeutung als Vorbilder für Mode und Habitus zu.

Selbstdarstellung am Grab in den Provinzen

In keinem Bereich kommt die kulturelle Vielfalt des römischen Reiches deutlicher zum Ausdruck als in den Grabmonumenten. Wie nach dem oben Gesagten zu erwarten, sind die Städte Italiens und der westlichen Provinzen weitgehend von Rom geprägt; das gilt vor allem für die frühe Kaiserzeit. Seit dem 1. Jahrhundert verliert das Bürgertum in den Städten Italiens und in einem Teil der römisch geprägten Provinzen des Westens nach und nach das Interesse an einem aufwendigen, nach außen gewandten Grabmonument, was mit der nachlassenden sozialen Dynamik zusammenzuhängen scheint. Andererseits gibt es Regionen, besonders in Gallien, den Rheinlanden und im Noricum, die im 2. Jahrhundert einen wirtschaftlichen Aufschwung nehmen, der sich auch in einer bunten Vielfalt von Grabdenkmälern niederschlägt. Besonders ins Auge fallen monumentale Grabbauten wie die bereits erwähnte Igeler Säule (Abb. 65) oder die Ädikula-Gräber von Sempeter im heutigen Slowenien. Hier in der Provinz ist es offenbar nicht zu der für Rom beschriebenen eindrucksvollen Abwendung von der Öffentlichkeit gekommen. Im Gegenteil, diese Grabmonumente überbieten ihre stadtrömischen Vorbilder aus der Zeit der Republik an Redefreudigkeit. Ein Einfluß aus Rom ist gleichwohl im Bildrepertoire zu konstatieren. Denn neben den Bildnissen der Grabherren und ihrer Angehörigen sowie Bildern, die über ihren Beruf, die Quellen ihres Reichtums und ihren aufwendigen Lebensstil berichten, findet man auf den Monumenten von Trier und Sempeter – hierin durchaus den römischen Sarkophagen vergleichbar – eine Fülle allegorisch zu lesender Mythenbilder.

Versucht man die Grabrepräsentation im Imperium Romanum umfassend in den Blick zu nehmen, so stößt man auf ein eigenartiges Phänomen. Bei aller Vielfalt und bei allen Bindungen an die jeweiligen Traditionen kann man doch eine Gemeinsamkeit feststellen: den Willen der Verstorbenen, sich mit ihren eigenen Gesichtern vorzustellen. Alle wollten sie offenbar «ich» sagen und, wenn irgend möglich, als unverwechselbare Individuen mit ihrem Bildnis in Erscheinung treten, gleich, ob sie im fernen Britannien oder in Phrygien, im syrischen Hauran oder in Ägypten wohnten. Dabei waren die lokalen Steinmetzen allerdings häufig überfordert. Selbst in den norditalienischen Römerstädten findet man formelhafte, handwerklich sehr schlecht gearbeitete Gesichter, die lediglich die Absicht, ein Porträt herzustellen, dokumentieren. Mit der Zugehörigkeit zum Imperium Romanum scheint sich bei vielen Provinzialen ein neues Selbstbewußtsein gebildet zu haben, dem daran lag, auf sich, die eigene Leistung und das eigene Leben, so wenig spektakulär es auch gewesen sein mochte, aufmerksam zu machen. Vielleicht darf man in diesem Willen zur Selbstdarstellung auch den Ausdruck eines neuen Selbstverständnisses sehen, das mit der Zugehörigkeit zur überlegenen griechisch-römischen Kultur des Reiches zusammenhing. Dafür spräche, daß in mehreren Kulturen und Gesellschaften, die bisher keine Grabrepräsentation gekannt hatten, diese nach ihrem Eintritt in den Reichsverband aufkam.

Oft geht der Wunsch zur Darstellung der Individuen Hand in Hand mit der Betonung eigener Traditionen und des spezifischen Selbstverständnisses. Vor allem die Frauen präsentieren sich dabei als Garanten des Eigenen. Im Noricum zum Beispiel tragen die Keltinnen auf den Grabreliefs ihre aus dicken Zöpfen aufgebauten Frisuren, breite Hüte und auffällig üppigen Hals-

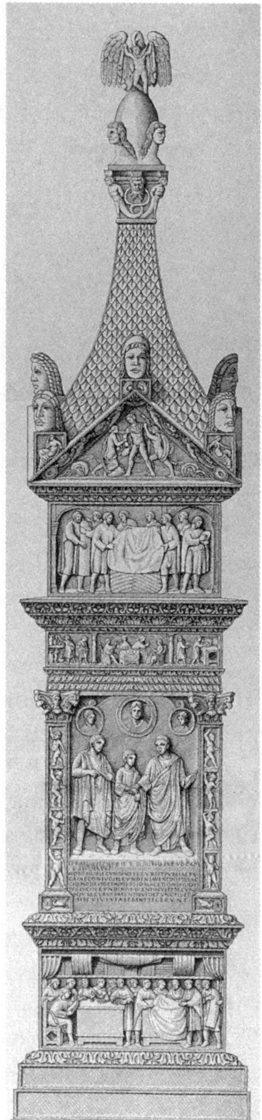

65 Igeler Säule an der Mosel bei Trier, Monument eines im Tuchhandel reich gewordenen Kaufmanns

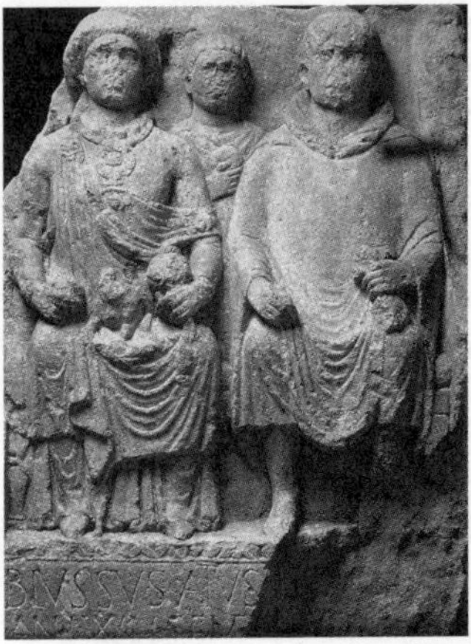

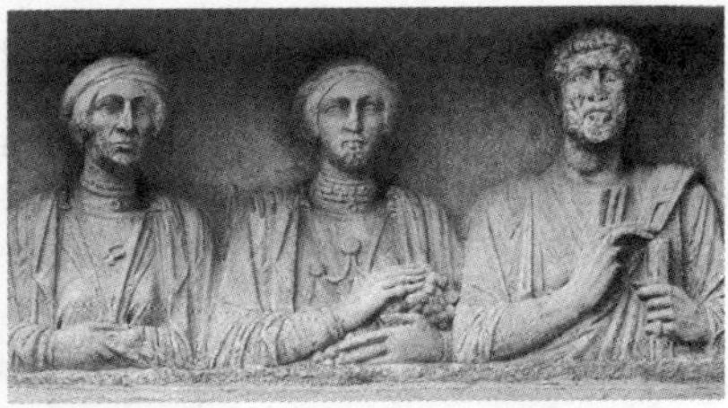

66 (oben) Grabrelief einer Familie aus dem Noricum, die Frauen in heimischer Tracht mit reichem Schmuck, der Mann als römischer Bürger in der Toga. Neumarkt im Tauchental, Österreich
67 (links) Moselschiffer mit Geldsack nebst Ehefrau in keltischer Tracht mit reichem Schmuck. Mainz, German. Nationalmuseum

schmuck, während ihre Männer sich meist in der Toga als Ausweis des Privilegs des römischen Bürgerrechts darstellen lassen (Abb. 66). Daß Athen auch in diesem Bereich an seinen eigenen Traditionen festhielt, wird uns nach allem, was wir gehört haben, nicht verwundern. Allerdings wenden sich die nach wie vor in klassischer Musterkleidung auftretenden Verstorbenen auch hier frontal zum Betrachter und sind – anders als auf den Stelen klassischer Zeit – durch Bildniszüge und Modefrisuren als Individuen gekennzeichnet. Die Bauern im inneren Anatolien stellen sich mit ihren Werkzeugen zur Schau, und ein Moselschiffer hält stolz seinen Geldbeutel in der Hand (Abb. 67).

Selbst in Fayum in Ägypten legten die wohlhabenderen der griechischsprechenden Einwohner der Dörfer und Städtchen seit der frühen Kaiserzeit die wirklichkeitsnahen «Mumienporträts» statt der typisierten Mumienmasken auf die Gesichter der Verstorbenen. Sie erweisen sich dabei durch Frisurmode, Kleidung, Schmuck und Habitus als durch und durch hellenisierte Weltbürger (Abb. 68). Die dank des trockenen Klimas erhaltenen, auf Holz gemalten Bildnisse geben zudem eine Vorstellung von dem weit verbreiteten Brauch, die Erinnerung an abwesende oder tote Angehörige durch realistische Bildnisse zu pflegen, die man im Haus aufstellte. Die Veränderung in der Präparation der Mumie für die Reise ins Jenseits war demnach nicht der eigentliche Anlaß, sondern eher die Folge einer in den Familien gepflegten Form der Erinnerung und Repräsentation von Abwesenden.

Jedoch könnte der Unterschied zum Beispiel zwischen dem Grabrelief einer Bauernfamilie im hinteren Phrygien (Abb. 69) und einem qualitätvollen Mumienporträt nicht größer sein. Gemeinsam ist beiden der Wunsch, Individuen darzustellen; die einen verfügen aber über die subtilen künstlerischen Mittel einer langen Kunsttradition, die anderen versuchen es so gut sie können, ohne über eine entsprechende Ausbildung zu verfügen. Trotzdem wird deutlich, was sie sagen wollen, woran ihnen besonders liegt. Wie bei der römischen «Volkskunst» haben wir es bei den phrygischen Reliefs nicht mit eigenständigen, an bestimmte Schichten oder Kulturkreise gebundenen Stiltraditionen zu tun, sondern mit einem ad hoc entstandenen Formenarsenal, das für eine möglichst einfache Rezeption bestimmt war.

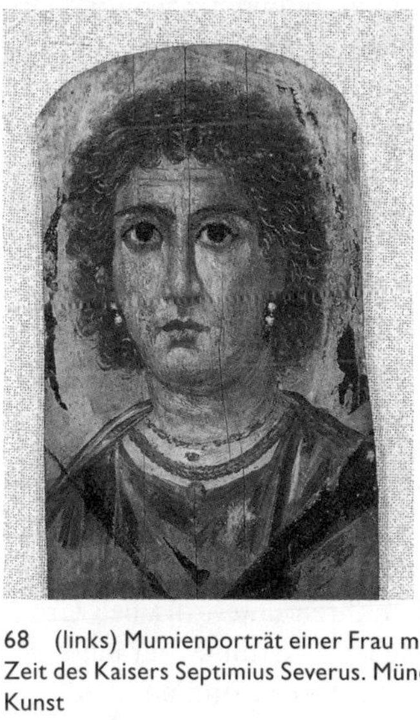

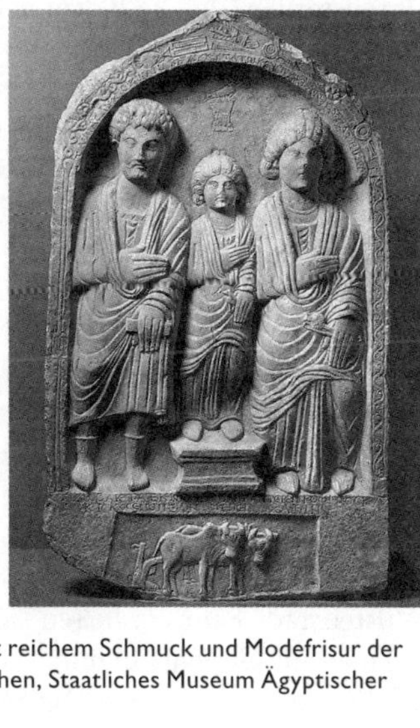

68 (links) Mumienporträt einer Frau mit reichem Schmuck und Modefrisur der Zeit des Kaisers Septimius Severus. München, Staatliches Museum Ägyptischer Kunst
69 (rechts) Grabrelief einer phrygischen Bauernfamilie. Basel, Antikenmuseum

Der griechische Osten bewahrt seine eigenen Traditionen

Im griechischen Osten des Reiches hielt man, wie gesagt, trotz aller politischen Integration an den eigenen kulturellen Traditionen stärker als anderswo fest. Die Griechen waren in vieler Hinsicht privilegiert. Ihre Sprache wurde im ganzen östlichen Teil des Reiches als selbstverständliche Umgangssprache benutzt, das Lateinische spielte nur in der römischen Verwaltung und Justiz eine Rolle. Der Gebildete las die griechischen Autoren auf griechisch oder benutzte das Griechische als Literatursprache. Es ist bezeichnend, daß der Kaiser Marc Aurel seine Meditation auf griechisch verfaßte. Auch in der religiösen Kunst und Architektur bedeutete die Eingliederung ins römische Reich für die östlichen Völker und Städte in erster Linie eine Weiterführung der Hellenisierung, die zum Teil schon seit langem in Gang war.

Was unserem Reisenden im Osten sofort in die Augen gefallen wäre, war die Kleidung der Männer. Unter den zahllosen Ehrenstatuen, die die Plätze der Städte füllten, tragen die Männer fast ausnahmslos den griechischen Mantel, die römische Toga dagegen ist nur sehr selten vertreten. Das Festhalten an der alten Manteltracht war bei den Griechen ein Ausdruck ihres kulturellen Selbstverständnisses. Deshalb trugen sie den Mantel auch in klassischen Drapierungen, wie sie schon im 4. Jahrhundert v. Chr. kodifiziert worden waren. Die führenden Familien gaben das Vorbild ab; auch wenn ihnen das römische Bürgerrecht verliehen worden war, fühlten sie sich in keiner Weise zum Tragen der Toga veranlaßt. Der griechische Mantel galt aber nicht nur in den Griechenstädten, sondern in praktisch allen östlichen Provinzen als das offizielle Bürgerkleid, und daran änderte auch die Verleihung des römischen Bürgerrechts an alle Untertanen unter Caracalla (211–217 n. Chr.) nichts. Sogar die durch den Karawanenhandel reich gewordenen Einwohner der Wüstenstadt Palmyra ließen sich in ihren unterirdischen Grabanlagen im Griechenmantel darstellen, allerdings mit einer bezeichnenden Ausnahme: Die Scheichs trugen zumindest zu offiziellen Anlässen die persische Hosentracht, jedenfalls ließen sie

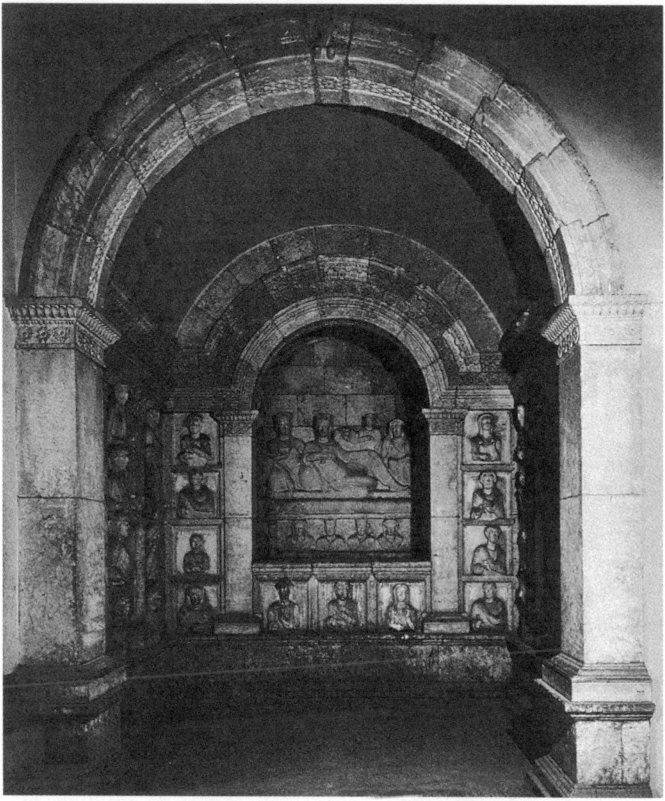

70 Blick in ein unterirdisches Mausoleum in Palmyra, 2. Jh. n. Chr.

sich in den zentralen Nischen ihrer Grabkammern auf weichen Kissen ausgestreckt und umgeben von den Mantelbüsten ihrer Stammesgenossen in Hosen darstellen. Die Führungsschicht fühlte sich den östlichen Nachbarn kulturell verständlicherweise sehr viel näher als den Griechen, ganz zu schweigen von den Römern, gleichwohl lag ihnen daran, auch ihre Zugehörigkeit zur griechischen Welt zum Ausdruck zu bringen (Abb. 70).

Doch zurück zu den Griechen und ihrer großen Vergangenheit. Im 2. und früheren 3. Jahrhundert kam es zu einer außerordentlich einflußreichen kulturellen Bewegung, der sogenannten zweiten Sophistik. Sie hatte ihr Zentrum in Athen, ihre großen Exponenten kamen jedoch aus der ganzen griechischen Welt. Sie beschworen in ihren Reden, die sie bei allen städtischen und panhellenischen Festen und Spielen hielten, nicht nur die große Vergangenheit, sie vermittelten den Zuhörern darüber hinaus die Vorstellung, daß diese Vergangenheit bis in die Gegenwart fortdauere. Dabei bedienten sie sich gleichsam als Beweis dafür eines puren klassisch-attischen Sprachstils. Die Bewegung blieb nicht auf die Intellektuellen beschränkt, sie manifestierte sich auch in vielen anderen Bereichen des kulturellen Lebens und war letztlich Ausdruck eines neu erstarkten griechischen Selbstbewußtseins. Dieses schlug sich auch in der Verwendung der Namen berühmter Griechen der Vergangenheit und sogar in Bildnisangleichungen nieder. In Athen ließen sich Männer aus der Führungsschicht Bildnisse nach den Modellen von literarischen, politischen oder sogar mythischen Größen anfertigen. In jugendlichem Alter Verstorbener gedachte man als Heroen und stilisierte ihre Bildnisse entsprechend. Männer, denen daran lag, als geistig interessiert zu gelten, bekannten sich mit Haartracht und Bart zu einem entsprechenden «Philosophen»-Image. Modelle aus dem Erinnerungsschatz der griechischen Kultur dienten also einer Minderheit als Ausdruck ihres Selbstverständnisses. Das Phänomen ist wichtig, weil es zeigt, daß Rom, auch was die Bildniskunst anbelangt, keineswegs allein für die Orientierung verantwortlich war.

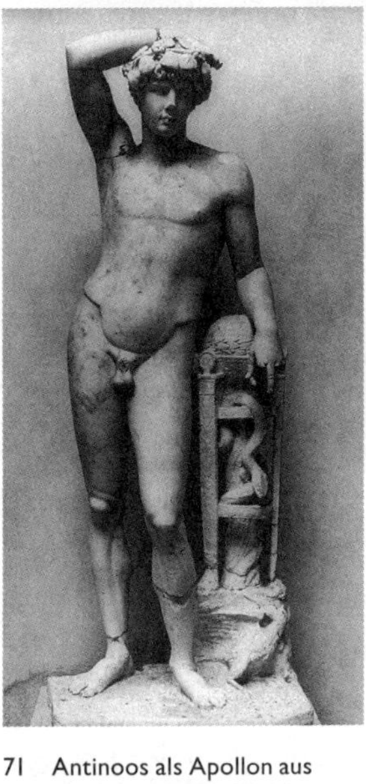

71 Antinoos als Apollon aus Leptis Magna. Tripolis, Archäologisches Museum. Die Statue trug zunächst einen Apollonkopf, der dann durch ein Antinoosporträt ersetzt wurde

Auch in Rom selbst findet man Beispiele für solche Griechenstilisierungen. Den spektakulärsten Fall stellt die vom Kaiser Hadrian (117–138 n. Chr.) selbst ausgehende Verehrung seines im Nil ertrunkenen Geliebten Antinoos dar, für den in den letzten Lebensjahren des Kaisers überall im Reich Statuen errichtet und sogar Kulte begründet wurden. Auch in diesem Fall waren es die Bürger und Verbände, die die Initiative ergriffen, den Kaiser in der Gestalt seines Lieblings zu ehren. Antinoos wurde dabei mit den unterschiedlichsten Göttern und Heroen identifiziert. Man verfuhr dabei wie bei den früher erwähnten Ehrenstatuen mit Götterkörpern, das heißt, man verband das Bildnis des schönen jungen Mannes mit dem unveränderten Körpertypus einer Gottheit. Deshalb konnte man sogar den Kopf einer Apollonstatue absägen und durch ein Bildnis des Antinoos ersetzen (Abb. 71). Der bis zu einem gewissen Grad durchaus spontane Antinooskult wäre in dieser Form nicht möglich gewesen, wären die uralten Vorstellungen von dem Erscheinen der Götter in Menschengestalt nicht immer noch lebendig gewesen und hätte man in der Gemeinschaft des Kaisers mit dem «göttlichen» Jüngling nicht etwas Positives, ja religiös Wirksames gesehen.

«Bildhauerschulen»

Im Gegensatz zur griechischen Kunst mit ihren schon zu Lebzeiten berühmten Künstlerpersönlichkeiten ist die Kunst der Kaiserzeit, von wenigen Ausnahmen abgesehen, anonym. Wir haben außer gelegentlichen Signaturen kaum Nachrichten über Künstler, und wenn wir von «Schulen» sprechen, beruht dies auf Fundorten, formalen Beobachtungen und gelegentlichen Inschriften, also im wesentlichen auf Konventionen der Forschung. In den Werkstätten der Stadt Rom hatte sich bereits in augusteischer Zeit in den führenden Ateliers eine einheitliche Stilsprache der seit dem 1. Jahrhundert v. Chr. vor allem aus dem griechischen Osten in Scharen zugewanderten Bildhauer herausgebildet. Verwendet wurde überwiegend der bei Luni (Carrara) abgebaute Marmor. Die römischen Werkstätten befriedigten nicht nur die Aufträge der Hauptstadt, sondern exportierten ihre Produkte in

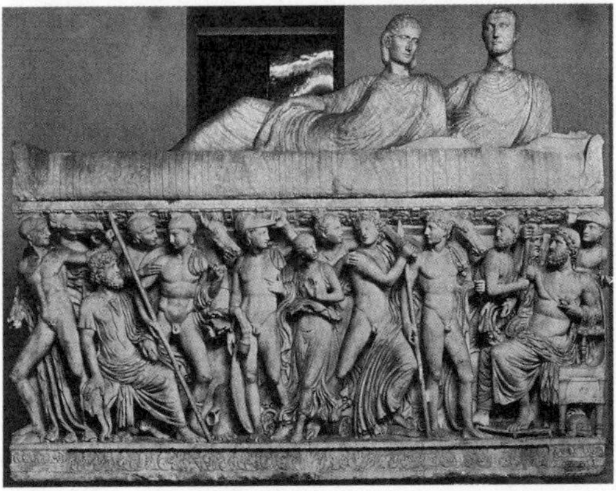

72 Achill bei den Töchtern des Lykomedes, um 250 n. Chr. Attischer Sarkophag. Rom, Capitolinische Museen

alle wichtigen Städte der westlichen Provinzen. Bei entsprechendem Bedarf entstanden dort lokale Werkstätten, die in Ikonographie und Stil an Rom gebunden blieben. Besonders in der Bildniskunst und auf den Sarkophagreliefs ist dieser «stadtrömische» Stil von den provinziellen Werkstätten im Osten zu unterscheiden.

Unter den Kunstzentren in den Provinzen zeichnen sich durch eigenständigen Stil besonders Griechenland mit Athen als Zentrum und Kleinasien mit den führenden Werkstätten von Aphrodisias und Dokimeion aus. Am deutlichsten fällt die Eigenständigkeit der unterschiedlichen Formtraditionen bei der Sarkophagproduktion ins Auge. In Athen orientieren sich die Künstler an wenigen Mythen, die in großfigurigen Friesen nach klassischen Bildvorlagen dargestellt werden. In den Gestalten der Heroen Achill (Abb. 72) und Hippolytos und auch in dem mit dem Lokalmythos von Athen verbundenen Kampf der Griechen gegen die Amazonen wurden Schönheit und Tapferkeit der mythischen Vorfahren als Identifikationsmuster für die Gegenwart gefeiert. Für Kleinasien sind die sogenannten Säulensarkophage besonders charakteristisch. Der Sarkophagkasten ist hier durch ein Architekturprospekt gegliedert, und zwischen den Säulen stehen statuenartig gebildete mythologische Gestalten neben den Verstorbenen im Bürgergewand. In Athen wie in Kleinasien finden wir also eine von den römischen Sarkophagen völlig abweichende Ikonographie, die sehr viel stärker an den lokalen Traditionen und an bürgerlichen Wertvorstellungen der Poleis orientiert ist als in Rom. Sowohl die attischen wie die kleinasiatischen Sarkophage waren wohl vor allem ihrer repräsentativen Monumentalität wegen bei den Wohlhabenden im ganzen Reich beliebt und wurden selbst nach Rom exportiert. Die Bildhauerwerkstätten von Aphrodisias stellten über Generationen hin bis ins 4. Jahrhundert n. Chr. neben Bildnissen alle Arten von Idealplastik nach klassischen und hellenistischen Modellen her. Der Erfolg dieser Schule beruhte auf der zum Teil hervorragenden bildhauerischen Qualität ihrer Produkte, so daß der inschriftliche Namenzusatz «aus Aphrodisias» wie der «aus Athen» als Gütesiegel gebraucht werden konnte.

Die formalen Eigenarten der einzelnen Schulen werden meist beobachtet, um die Herkuft einzelner Werke zu bestimmen. Gelegentlich kann man bestimmte Vorlieben und ästhetische Tendenzen aber auch als Ausdruck eines bestimmten Stilwillens interpretieren. Es fällt zum Beispiel auf, daß die attischen Ateliers im Bereich der Bildniskunst durchweg stärker zu idealisierenden Formen und zur Verwendung traditioneller Techniken tendieren. So wurde etwa die Verwendung des Bohrers, die in Rom zur Erzielung malerischer Oberflächeneffekte vor allem in der Lockenwiedergabe zu wahrer Meisterschaft entwickelt worden war (vgl. S. 52), in Athen offenbar abgelehnt. Man kann bei den qualitätvollen attischen Skulpturen zum Teil im Detail beobachten, wie die Künstler versuchten, die römischen Luxuslocken der antoninischen Zeitmode in einfachere, dem attischen Stil angenäherte Formen zu übersetzen. In einem zunächst nebensächlich erscheinenden Einzelphänomen wie diesem äußert sich ein bewußtes Festhalten an eigenen kulturellen Gewohnheiten und Praktiken. Dies gesagt, muß man aber gleichzeitig auch feststellen, daß das durchschnittliche handwerkliche Niveau sowohl der griechischen wie der kleinasiatischen Werkstätten in der Regel gegenüber den in Rom arbeitenden Bildhauern abfällt.

VII

Auf dem Weg zur Spätantike

Im Laufe des 3. Jahrhunderts sind wesentliche Veränderungen in der römischen Kunst zu beobachten. Sie berühren Ikonographie und Stil gleichermaßen. Jedoch sind nicht alle Teile des Reiches und nicht alle Kunstarten und Bildräume betroffen. Die Ursache liegt letztlich in den Veränderungen des politischen und gesellschaftlichen Systems, die sich auch auf Inhalt und Form der Bildkünste auswirkten. Am besten läßt sich der Wandel in Rom selbst verfolgen. Wir wollen zwei Bereiche herausgreifen, das Kaiserporträt und die Grabrepräsentation. Denn hier wie dort spiegeln die Veränderungen Vorgänge, die auf einen tiefgreifenden Mentalitätswandel bei der politischen Führungsschicht wie in der Bevölkerung schließen lassen.

Suche nach einem neuen Herrscherbild

In der Kaiserkunst setzte nach dem Tod des Septimius Severus (193–211 n. Chr.) eine tastende Suche nach einem neuen Herrscherbild ein, die sich über 100 Jahre hinzog. Dem schnellen Wechsel der Herrscher entspricht ein zum Teil sehr kurzatmiges Erproben und Verwerfen von Versuchen, die sich verändernden Vorstellungen im Herrscherbild auszudrücken, während die seit langem etablierten Körpertypen unverändert bleiben. Man kann in diesen in ganz unterschiedliche Richtungen gehenden Versuchen einerseits den Ausdruck von Ungenügen am bisherigen Kaiserbild, andererseits den Ausdruck des Verlangens nach einer neuen Ordnung angesichts der kritischen Zustände im Reich sehen. Zunächst versuchte man, das distanzierte Aristokratenporträt, das die antoninischen Herrscher in der 2. Hälfte des 2. Jahrhunderts n. Chr. über drei Generation hin als würdevolle

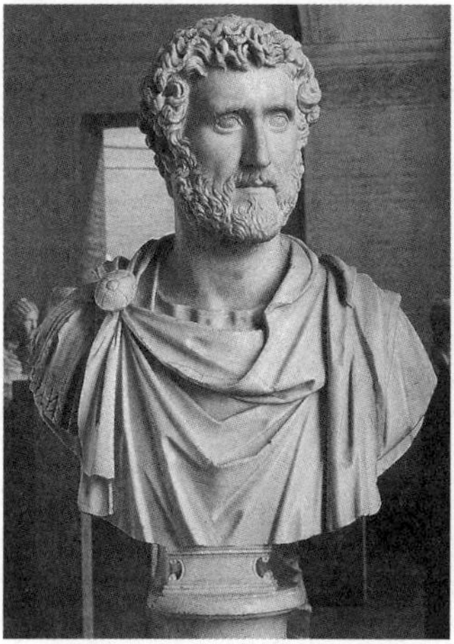 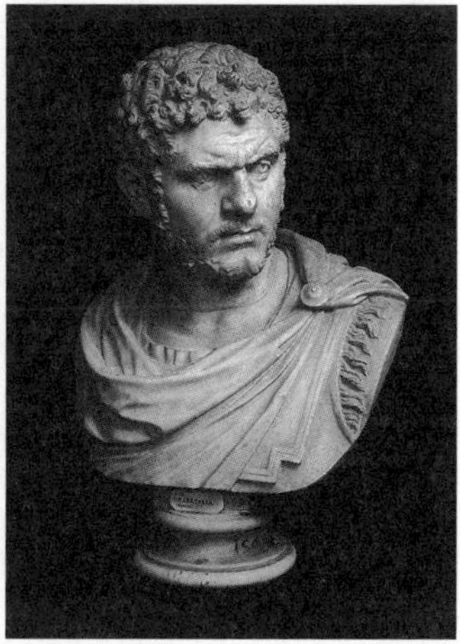

73 (links) Büste des Antoninus Pius. München, Glyptothek
74 (rechts) Büste des Caracalla. Neapel, Museo Nazionale

Erscheinungen gezeigt hatte, durch eine Art von Leistungsporträt zu ersetzen. An die Stelle der gepflegten, freundlich zugewandten Erscheinung eines Antoninus Pius (138–161 n. Chr., Abb. 73) traten Bildnisse mit dem Ausdruck von Energie, Durchsetzungsvermögen und Härte. Das waren die neuen Qualitäten, die man vom Kaiser erhoffte und im Bildnis zur Anschauung zu bringen versuchte. Bei Caracalla (211–217 n. Chr., Abb. 74) und einem Teil der auf ihn folgenden Soldatenkaiser setzten die im Umkreis des Kaisers dafür Verantwortlichen zudem bewußt auf einen eher rohen Habitus mit ungepflegtem Bart und Kurzhaarschnitt. Dazwischen kam es aber auch zu Rückgriffen auf das gepflegte Bild der «guten» Kaiser der Antoninenzeit.

Unter Gallien (253–267 n. Chr.) beginnen die Versuche in eine ganz andere Richtung zu gehen. Durch Anleihen bei den Porträts von Alexander und Augustus oder durch emphatischen Ausdruck sollte der Herrscher als ein Wesen mit übermenschlichen Qualitäten erscheinen (Abb. 79). Erst nach weiteren Versuchen mit Energieformeln und expressiven Stilmitteln zeichnet sich in den Bildnissen Konstantins das neue Herrscherbild ab. Konstan-

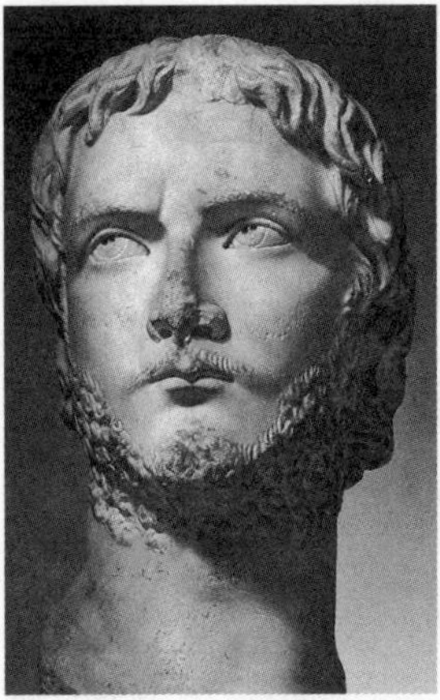

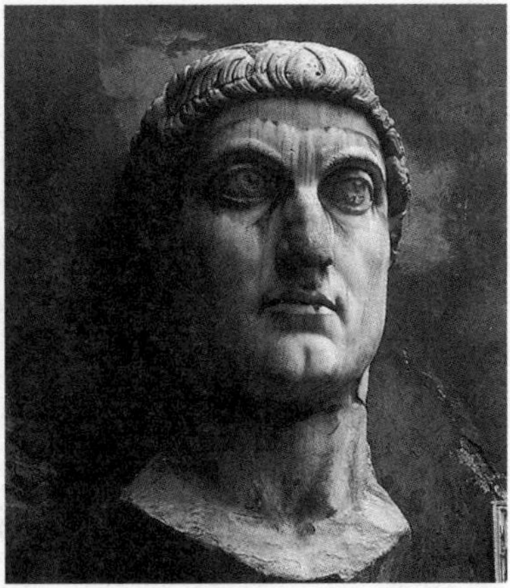

75 (links) Bildnis des Gallienus, Rom, Museo Nazionale Romano
76 (rechts) Kopf einer Kolossalstatue aus der Basilika des Maxentius, Höhe 2,60 m. Rom, Konservatorenpalast

tin (307–337 n. Chr.) ließ sich als eine jugendlich schöne, vom Tagesgeschehen völlig abgehobene Erscheinung und übermenschliche Instanz feiern. Mit dem Kolossalkopf im Hof des Konservatorenpalastes auf dem Capitol (Abb. 76) und mit der hieratisch thronenden Gestalt des Kaisers auf einem der zeitgenössischen Reliefs des Konstantinsbogens (nach 312 n. Chr.) hat das Kaiserbild der Spätantike seine gültige Form gefunden. Im Laufe eines knappen Jahrhunderts ist das augusteische Konstrukt vom Princeps als dem ersten Bürger endgültig zu Grabe getragen und durch den unnahbaren Kaiser von Gottes Gnaden ersetzt worden.

Veränderungen der politischen Struktur werden von entsprechenden Vorgängen in der Gesellschaft begleitet. Für die späte Republik und die ersten beiden Jahrhunderte der Kaiserzeit war das Bedürfnis zumindest der wohlhabenderen Bürger nach Repräsentation charakteristisch, sei es in Form von Ehrenstatuen oder in Grabmonumenten. Beide Formen zeugen von relativ durchlässigen städtischen Gesellschaften, in denen die Bürger untereinander kommunizieren und konkurrieren. Im Laufe des 3. Jahrhunderts geht das bürgerliche Repräsentationsbedürfnis, wie Inschriftenstatistiken zeigen, fast überall im Reich zurück. Umgekehrt beginnen dann im 4. Jahrhundert die Statuen der hohen Beamten die öffentlichen Plätze und Gebäude zu dominieren. Diese werden als Funktionäre in Amtstracht präsentiert, ihr abgehobener Blick nimmt (wie der des Kaisers) den Betrachter nicht mehr zur Kenntnis. Die strengen Mienen sprechen von ihrer Fähigkeit, unerbittlich für Ordnung und Steueraufkommen zu sorgen. Es sind keine Mitbürger mehr, sondern Delegierte der obersten Gewalt, die beim höfischen Zeremoniell in hierarchischer Ordnung den Thron des Kaisers umstehen, wie es auf der Basis des Theodosius-Obelisken in Konstantinopel dargestellt ist.

Neue Bilder für eine veränderte Mentalität

Ging es bei den Ehrenstatuen um politische und gesellschaftliche Interessen, so haben wir es bei den Bildern am Grab mit einer ganz anderen Art von Zeugnissen zu tun. Hier sprechen die Bürger gleichsam zu sich selbst. Dabei geht es jetzt aber mehr um Selbstverständnis als um Selbstdarstellung. Seit der Zeit um 230 n. Chr. verliert das Grabmonument als solches in Rom weitgehend an Interesse. Gleichzeitig geht die Produktion von reliefverzierten Sarkophagen aller Preisklassen weiter. Diese werden jedoch häufig in bereits existierende Grabkammern wie in Depots eingestellt. Die Außenwelt, die soziale Kommunikation jenseits der Angehörigen, verliert offenbar an Interesse. Doch das ist nur der äußere Rahmen. Zugleich verändern sich nämlich auch die für die Sarkophage ausgewählten Bilder. Am auffälligsten ist, daß die Zahl der im frühen 3. Jahrhundert noch so zentralen Mythenbilder im Laufe einer Generation drastisch zurückgeht. Nach der Mitte des 3. Jahrhunderts sind die Szenen der Lebensfreude mit den tanzenden, singenden und trinkenden Trabanten des Dionysos und mit den schönen Nereiden und ihren verliebten Meermonstern ebenso wie die Verstorbenen in Gestalt klassischer Liebespaare fast ganz aus der Bilderwelt der römischen Sarkophage verschwunden. Statt dessen erfreuen sich neue oder bisher eher zweitrangig plazierte Bilder immer größerer Beliebtheit. Da sind zunächst die Hirten mit ihren Herden, die für ein zurückgezogenes, naturnahes Leben werben. Daß der philosophisch ausgerichtete, reflektierende Mensch sich aus dem Lärm und der fortwährenden Geschäftigkeit der Städte aufs Land zurückziehen und dort einfach und im Gleichmaß der Stunden wie die Hirten leben müsse, war kein neuer Gedanke. Jetzt aber wird er, wie die überaus zahlreichen einfachen Riefel-Sarkophage mit Hirtenthematik vermuten lassen, zu einer verbreiteten Glücksmetapher. Viele Bürger lassen sich auf ihren Särgen als Leser darstellen. Die Frauen dagegen werden zunächst gern als Musen, später als Beterinnen (*Orans*) dargestellt. Das Lesen hat demnach nicht nur mit Bildung, sondern auch mit Religion zu tun (Abb. 77).

Andere Veränderungen kommen hinzu. An die Stelle der dionysischen Bilder treten die Jahreszeiten. Sie sprechen von der Fülle der Natur und vom ewigen Wechsel, von Blühen und Vergehen, was den Nachdenklichen zum Gleichnis werden konnte. Was wir beobachten, ist eine neue Ernsthaftigkeit, durch die vor allem der zu Lebensgenuß aufrufende Teil der bisherigen Bilder zurückgedrängt wird. Bezeichnenderweise sind es vor allem «neutralere» Motive und Gestalten, die erhalten bleiben und vermehrt auftreten. Ein Beispiel dafür sind die in vielerlei Tätigkeiten gezeigten Eroten. Sie sind fleißig mit Weinlese und Keltern beschäftigt, tragen Girlanden oder senken zum Zeichen der

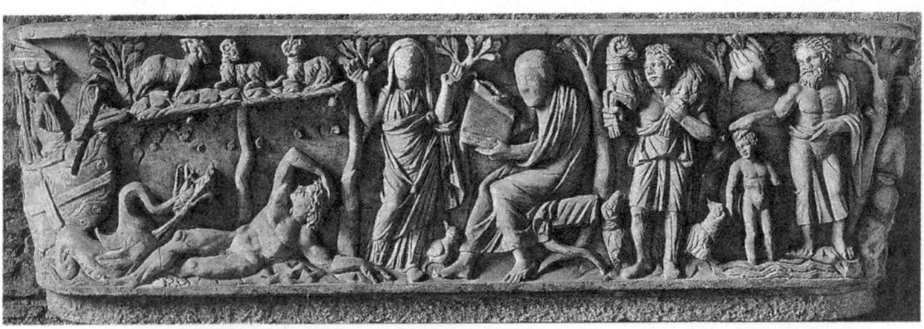

77 Früher christlicher Sarkophag mit «Philosoph» und Beterin, rechts neben dem Hirten die Taufe am Jordan, links Jonas unter der Kürbislaube, nach 300 n. Chr. Rom, S. Maria Antiqua

Trauer ihre Fackeln. Neben diesen Veränderungen gibt es freilich auch Konstanten. Die Jagd bleibt ein beliebtes allegorisches Bild für männliche Bewährung, Mut und Tatkraft, allerdings verzichtet man jetzt auch hier auf mythologische Verkleidung. Statt dessen dringen «realistische» Elemente in die Jagdbilder ein, zunächst Verweise auf die in der Arena veranstalteten Tierhetzen, später vor allem auf die Jagden der Domänenbesitzer, die, wie die wenig späteren Mosaiken in den Häusern zeigen, in neuer Weise zu einem Statussymbol werden.

Als dann mit dem Edikt von Mailand 313 n. Chr. das Christentum nicht nur toleriert, sondern von Konstantin sogar privilegiert wird, entstehen in kürzester Zeit eine Fülle neuartiger Sarkophage mit dicht gedrängten Szenen aus dem Alten und Neuen Testament. Ausgewählt werden vor allem Wundertaten und Bilder der Rettung, wie die des Jonas aus dem Bauch des Fisches und die der drei Jünglinge im Feuerofen. Mit solchen Bildern wollte man seinen Glauben bekennen und die eigene Rettung vor dem Tod wie in einem Stoßgebet erflehen. Gemeinsam ist allen diesen christlichen Sarkophagen, daß ihre Bilder vom Leben hier und jetzt weitgehend absehen, also gerade von den Werten, auf die die «paganen» Glücksvisionen vor allem ausgerichtet waren. Wenn wir annehmen, daß die christlichen Familien, die sich jetzt so bildreich zu ihrem Glauben bekannten, ihre Toten auch schon zuvor in Sarkophagen mit Bildschmuck bestatten ließen, dann könnten sie nicht unerheblich zu dem beschriebenen Wandel beigetragen haben, indem sie religiös «neutrale» Themen anstelle der mythologischen Glücksallegorien und Liebesszenen bevorzugt hätten. Aber sie waren vermutlich nicht die einzigen, die für diese neue «Ernsthaftigkeit» verantwortlich sind. Die Veränderungen in verschiedenen Bereichen der Bilderwelt deuten vielmehr darauf hin, daß wir es mit einem Wandel der Mentalität zu tun haben, der weite Kreise der Bevölkerung erfaßt hatte und der sich auch auf die Einstellung zu Leben und Tod ausgewirkt hat.

Wenn sich die Bilder im Laufe von wenigen Jahrzehnten in zwei so zentralen Bereichen der Kunst wie dem Herrscherbild und der Grabkunst ändern, dann weist das darauf hin, daß wir es mit einer Zeit strukturellen Wandels zu tun haben. Zwischen dem Ende der Herrschaft des Septimius Severus (211 n. Chr.) und der Tetrarchie (nach 293 n. Chr.) bildet sich die Kunst der Spätantike heraus. Dabei betrifft der Wandel keineswegs alle Bereiche. Die Bilder im Haus sind am wenigsten betroffen. Hier liebt man es zum Beispiel nach wie vor, sich mit mythologischen Szenen zu umgeben, wie die vielen, meist aus großen Villen stammenden Mosaiken und das Tafelsilber zeigen. Die Vorstellung vom Haus als einem Ort des *otium* und der Kultur dauert fort und mit ihr die Freude an mythischen Liebespaaren, homerischen Helden und tanzenden Satyrn, denn diese bilden nach wie vor den Grundstock aller Poesie. Allerdings werden diese Szenen, die man in jedem Haus finden konnte, jetzt mehr und mehr zum Bestandteil einer konservativen Elitekultur, vergleichbar der Lektüre der klassischen Autoren.

Trotz der Kontinuität in manchen Bereichen bedeutet das Zeitalter Konstantins einen tiefen Einschnitt. Mit der Herrschaftsform und den wirtschaftlichen und sozialen Verhältnissen verändern sich auch die Bilder, ihre Formen und ihre Funktionen. Es handelt sich dabei wie bei der Ausbildung der römischen Kunst zur Zeit der Entstehung des Imperium Romanum und bei der Konstituierung der Kaiserherrschaft unter Augustus um einen grundsätzlichen Wandel der Strukturen, bei dem der für die Ordnung der Bilder in der Kaiserzeit so charakteristische Zusammenhang der unterschiedlichen Bildräume zerbricht.

Weiterführende Literatur

Alföldy, A.: Die monarchische Repräsentation im römischen Kaiserreich. Darmstadt 1970.

Alföldy, G.: Römische Sozialgeschichte. 3. Aufl. Darmstadt 1984.

Andreae, B.: Römische Kunst. Freiburg 1973.

Bianchi Bandinelli, R.: Rom – Das Zentrum der Macht. München 1970.

Bianchi Bandinelli, R.: Rom – Das Ende der Antike. München 1971.

Bergmann, M.: Marc Aurel. Frankfurt a. M. 1978.

Die Bildnisse des Augustus. Herrscherbild und Politik im kaiserlichen Rom. Hrsg. von K. Vierneisel und P. Zanker. Ausstellungskatalog München u. a. 1978–79. München/Berlin 1978.

Borbein, A. H., T. Hölscher und P. Zanker (Hrsg.): Klassische Archäologie. Eine Einführung. Berlin 2000.

Brendel, O. J.: Was ist römische Kunst?. Köln 1990.

Christ, K.: Geschichte der römischen Kaiserzeit. 3. Aufl. München 1995.

Coarelli, F.: Rom. Ein archäologischer Führer. 3. Aufl. Düsseldorf 2000.

Dunbabin, K. M. D.: Mosaics of the Greek and Roman World. Cambridge 1999.

Elsner, J.: Art and the Roman Viewer: The Transformation of Art from the Pagan World to Christianity. Cambridge/New York 1995.

Giuliani, L.: Bildnis und Botschaft. Hermeneutische Untersuchungen zur Bildniskunst der römischen Republik. Frankfurt a. M. 1986.

Hallett, C. H.: The Roman Nude. Heroic Portrait Statuary, 200 BC–AD 300. Oxford 2005.

Hesberg, H. v.: Römische Grabbauten. Darmstadt 1992.

Hesberg, H. v.: Römische Baukunst. München 2005.

Hesberg, H. v. und P. Zanker (Hrsg.): Römische Gräberstraßen. Selbstdarstellung – Status – Standard. Kolloquium München 1985. München 1987.

Hölscher, T.: Die Geschichtsauffassung in der römischen Repräsentationskunst. In: Jahrbuch des Deutschen Archäologischen Instituts 95 (1980) 265–321.

Hölscher, T.: Staatsdenkmal und Publikum: Vom Untergang der Republik bis zur Festigung des Kaisertums in Rom. Konstanz 1984.

Hölscher, T.: Römische Bildsprache als semantisches System. Heidelberg 1987.

Hoff, R. von den, W. Stroh und M. Zimmermann: Divus Augustus. Der erste römische Kaiser und seine Welt. München 2014.

Humphrey, J.: Roman Circuses. London 1986.

Jashemski, W.: The Gardens of Pompeii. 2 Bde. New Rochelle, N. Y. 1979.

Kaiser Augustus und die verlorene Republik. Hrsg. von M. R. Hofter. Ausstellungskatalog Berlin 1988. Berlin 1988.
Kockel, V.: Porträtreliefs stadtrömischer Grabbauten. Mainz 1993.
Kraus, Th.: Das römische Weltreich. Berlin 1967.
Ling, R.: Roman Painting. London 1991.
Martin, J. (Hrsg.): Das alte Rom. Geschichte und Kultur des Imperium Romanum. München 1994.
Mielsch, H.: Die römische Villa. Architektur und Lebensform. München 1987.
Muth, S.: Erleben von Raum – Leben im Raum. Zur Funktion mythologischer Mosaikbilder in der römisch-kaiserzeitlichen Wohnarchitektur. Heidelberg 1998.
Neudecker, R.: Die Skulpturenausstattung römischer Villen in Italien. Mainz 1988.
Pollitt, J. J.: The Art of Rome c. 752 BC–AD 337: Sources and Documents. Cambridge 1983.
Rüpke, J.: Die Religion der Römer. Eine Einführung. München 2001.
Settis, S. (Hrsg.): La colonna traiana. Turin 1988.
Smith, R. R. R.: The Imperial Reliefs of the Sebasteion in Aphrodisias. In: Journal of Roman Studies 77 (1987) 88–138.
Standorte. Kontext und Funktion antiker Skulptur. Hrsg. von K. Stemmer. Ausstellungskatalog Berlin 1994–95. Berlin 1995.
Steinby, E. M. (Hrsg.): Lexicon Topographicum Urbis Romae. 6 Bde. Rom 1993–2000.
Stewart, P.: Statues in Roman Society. Representation and Response. Oxford 2003.
Stewart, P.: Roman Art. Oxford 2004.
Toynbee, J. M. C.: Death and Burial in the Roman World. London 1971.
Veyne, P.: Brot und Spiele. Gesellschaftliche Macht und politische Herrschaft in der Antike. Frankfurt a. M. 1988.
Wallace-Hadrill, A.: Houses and Society in Pompeii and Herculaneum. Princeton 1994.
Wrede, H.: Consecratio in Formam Deorum. Mainz 1981.
Zanker, P.: Pompeji. Stadtbild und Wohngeschmack. Mainz 1995.
Zanker, P.: Augustus und die Macht der Bilder. München 1987.
Zanker, P.: Die Apotheose der römischen Kaiser. München 2004.
Zanker, P. und B. Ch. Ewald: Mit Mythen leben. Bilderwelt der römischen Sarkophage. München 2004.
Zimmer, G.: Die römischen Berufsdarstellungen. Berlin 1982.

Bildnachweis

Andreae, Bernard: Römische Kunst, Freiburg 1973 7, 39, Farbtaf. 1
Archiv Museum für Abgüsse Klassischer Bildwerke, München 1, 2a, 2b, 3–6, 10, 12, 18, 19, 21, 24, 25, 28, 32, 34, 36, 37, 40, 43, 47, 50, 51, 52b, 53, 55, 61, 64, 68, 70, 73, 74, 76, Farbtaf. 3, 4
Berger, Ernst (Hrsg.): Antike Bildwerke aus der Sammlung Ludwig, Band 3, Mainz 1990, 69
Bianchi Bandinelli, Ranuccio: Rom. Das Zentrum der Macht, München 1970, 14
Deutsches Archäologisches Institut, Rom 8, 16, 22, 26, 27, 31, 41, 57, 59, 71, 72, 75
Farioli Campanati, Raffaella (Hrsg.): Colloquio internazionale sul Mosaico Antico, Ravenna 1984, 33
Gehrig, Ulrich: Hildesheimer Silberfund, Berlin 1967, 48
Harden, Donald B.: Glass of the Caesars, Mailand 1987, 49
Kähler, Heinz: Rom und seine Welt, München 1958/1960, 17
Martin, Jochen (Hrsg.): Geschichte und Kultur des Imperium Romanum, München 1994, 9, 17, 20, 23, 29, 35, 38, 46, 54, 67
Mielsch, Harald/Hesberg, Henner von: Heidnische Nekropolen unter St. Peter, Band 2, Rom 1995, 56
Rheinisches Landesmuseum (Hrsg.): Trierer Zeitschrift 31, Trier 1968, 65
Smith, Roland R. R.: The Imperial Reliefs from the Sebasteion at Aphrodisias, in: Journal of Roman Studies 77, S. 88–138, London 1987, 62, 63
Stein-Hölkeskamp, Elke: Das römische Gastmahl, München 2005, Farbtaf. 2b
Walde, Elisabeth: Im herrlichen Glanze Roms, Innsbruck 2005, 66
Zanker, Paul/Ewald, Björn Chr.: Mit Mythen leben, München 2004, 58, 60, 77
Zanker, Paul: Forum Augustum, Tübingen 1968, 11

Alle weiteren Aufnahmen stammen aus dem Archiv des Verfassers. Leider war es nicht in allen Fällen möglich, die Rechteinhaber zu ermitteln. Der Verlag ist bereit, berechtigte Ansprüche abzugelten.

Kunstepochen in C.H.Beck Wissen

Tonio Hölscher
Die griechische Kunst
(bw 2551)

Johannes G. Deckers
Die frühchristliche und byzantinische Kunst
(bw 2553)

Bruno Reudenbach
Die Kunst des Mittelalters I: 800 bis 1200
(bw 2554)

Klaus Niehr
Die Kunst des Mittelalters II: 1200 bis 1500
(bw 2555)

Andreas Tönnesmann
Die Kunst der Renaissance
(bw 2556)

Dietrich Erben
Die Kunst des Barock
(bw 2557)

Andreas Beyer
Die Kunst des Klassizismus und der Romantik
(bw 2558)

Michael F. Zimmermann
Die Kunst des 19. Jahrhunderts
(bw 2559)

Uwe M. Schneede
Die Kunst der Klassischen Moderne
(bw 2560)

Philip Ursprung
Die Kunst der Gegenwart 1960 bis heute
(bw 2561)

Lorenz Korn
Geschichte der islamischen Kunst
(bw 2570)

Sämtliche Bände der Reihe sind auch
als Kassette erhältlich:
Geschichte der Kunst in 12 Bänden
978 3 406 90250 5